经贸汉语阅读教程
BUSINESS CHINESE—READING

主　编 ○ 钱玉莲
副主编 ○ 张小峰　杨　娟
编　者 ○（按姓氏音序排名）
　　　　陈　琨　范　伟
　　　　梁社会　钱玉莲
　　　　魏庭新　徐正龙
　　　　杨　娟　张小峰

北京语言大学出版社
BEIJING LANGUAGE AND CULTURE
UNIVERSITY PRESS

©2012 北京语言大学出版社，社图号 12012

图书在版编目（CIP）数据

经贸汉语阅读教程 / 钱玉莲主编；张小峰，杨娟编著. -- 北京：北京语言大学出版社，2012.2(2020.2 重印)
（来华留学生专业汉语学习丛书. 经贸汉语系列）
ISBN 978-7-5619-3234-6

Ⅰ. ①经… Ⅱ. ①钱… ②张… ③杨… Ⅲ. ①经济－汉语－阅读教学－对外汉语教学－教材 Ⅳ. ①H195.4

中国版本图书馆 CIP 数据核字（2012）第 013096 号

经贸汉语阅读教程
JINGMAO HANYU YUEDU JIAOCHENG

责任编辑：	陈维昌　张　建
责任印制：	周　燚

出版发行：	北京语言大学出版社
社　　址：	北京市海淀区学院路 15 号，100083
网　　址：	www.blcup.com
电子信箱：	service@blcup.com
电　　话：	编辑部　8610-82303647/3592/3395
	国内发行　8610-82303650/3591/3648
	海外发行　8610-82303365/3080/3668
	北语书店　8610-82303653
	网购咨询　8610-82303908
印　　刷：	北京虎彩文化传播有限公司

版　次：	2012 年 2 月第 1 版	印　次：	2020 年 2 月第 8 次印刷
开　本：	787 毫米×1092 毫米 1/16	印　张：	17.25
字　数：	315 千字		
定　价：	67.00 元		

PRINTED IN CHINA

编写说明
Instructions

"来华留学生专业汉语学习丛书"适用于来华学习理工、西医、经贸、中医及相关专业、汉语水平为初级的外国留学生,旨在培养留学生学习理工、西医、经贸、中医及相关专业所急需的听说读写技能,帮助学生掌握专业汉语基本词汇、构词法、表达句式,使之顺利地入系接受本科专业教育。

本教程为"来华留学生专业汉语学习丛书·经贸汉语系列"语言类主干教材,是为将要学习经贸类专业知识的预科生编写的专门汉语教材。本教程的主要目标是培养预科留学生在经贸方面所需的基本汉语知识和基础汉语技能,为学生学习经贸类专业知识消除语言障碍,为专业课提供必要的语言支撑。

编写缘起

南京师范大学自2005年起与天津大学、山东大学一起承担中国政府奖学金本科新生预科教育试点工作。2010年4月山东大学预科工作会议上,教育部来华司和国家留学基金委以及各预科培养院校对中国政府奖学金预科生的结业标准进行讨论并形成了共识。该次会议还对预科专业汉语统编教材的工作任务进行了分配,初步商定由南京师范大学负责编写《经贸汉语阅读教程》,其时我们预科部已经编写出教学用的经贸类专业汉语教材的初稿。

2010年7月3日,北京语言大学出版社召开了"来华留学生预科教学与教材开发研讨会",邀请相关院校负责人就理工类、西医类、中医类和经贸类等预科专业汉语教材等问题在统编教材会上进行了专题研讨。经贸类分会场探讨了以下问题:经贸方向外国留学生的学习需求;经贸专业预科的教学设计(教学目标、课程设置及课时安排);汉语言专业经贸方向的教学设计(教学目标、课程设置及课时安排);现有经贸汉语教材的使用情况及优缺点;经贸汉语教材要解决的主要问题;经贸汉语教学需要的资源等。南京师范大学国际文化教育学院预科部主任张小峰、副主任杨娟参会并在小组会上展示了《经贸汉语阅读教程》(以下简称"本教程")的样课,听取并采纳了同行专家和北京语言大学出版社的意见和建议。

使用对象

借鉴通用英语(EGP)和专门用途英语(ESP)的分类方法,我们把对外汉语教学分为通用汉语(CGP)和专门用途汉语(CSP)两大类。参照专门用途英语(ESP)分为职业英语(EOP)和学术英语(EAP)的分类方法,专业汉语应属于专门用途汉语中的学术汉语类(CAP)。这一定位明确了经贸类专业汉语的教学目的是为预科结束后入系学习专业知识服务的。

《经贸汉语阅读教程》正是为将要学习经贸类专业知识的预科生编写的，是以经贸专业高频词汇学习为重心，以汉语言语技能训练为纲要，以任务型教学法和专业内容教学相结合为原则来编写的专业汉语教材。该教程是经贸类专业预科生的专业汉语必修课所使用的教材，也可供学完甲级现代汉语基本语法并已经掌握500个左右常用词、对经贸类专业内容感兴趣的其他外国留学生学习使用。本教材的使用建议每周3至4学时，一学期完成。

正课结构

本教程精选18个话题，共18课。本教程每课都由学习目标、热身、略读、课文、生词、学习普通词语、学习常用表达式、学习专业词语、学习课文、阅读与讨论、扩展阅读这11个部分组成。其中"热身"相当于"趣味导入"，以日常生活相关问题的问答形式导入经贸类相关专业内容，以引起学生对某一经贸知识的兴趣。导入的时间不超过10分钟，书面文字的长度不超过100字。

课文多为经过改写的经贸类科普文章，旨在为预科生进入专业院校顺利学习经贸类知识打下良好的专业基础。以1500个经贸类高频词和汉语书面语常用表达法为依据，以普及性经贸专业知识为内容，通过任务型学习方法，让学生在活动中理解并掌握经贸专业常用词语和表达法。课文长度从350字逐渐过渡到550字，一般不超过600字。

扩展阅读部分的材料注重语料的知识性和趣味性。每篇课文不超过600字，经贸类高频词控制在20个左右。内容更加趣味化，目的是为了扩大学生的专业词汇量，以尽快适应经贸专业学习的强度需要。根据具体课时的情况，扩展阅读部分既可以作为上课材料，也可以作为学生课后自学准备的延伸阅读材料，因此也设计相应的练习检查以保证自学的效果。

本教程在内容编排上尽量体现教学的基本步骤。教学内容的编排上打破传统汉语教材只是将课文、生词、练习等机械排列的做法，而是在编排上体现教学步骤与训练方式，贴近实际课堂教学，以便于教师课堂操作。课文内容尽可能地富有知识性、现实性，话题真实可感，贴近实际生活，能激发和调动学生的想象力和创造性。

本教程在细节上突出人性化设计，如特别增加了mp3目录，便于学生检索和自学，提高学习效率；补充手写体课文，并区分三个连写程度不同的阶段，有利于提高学生入系后对手写板书的认读效率；生词、课文均配有录音，方便学生反复模仿发音，加快知识的语码转换。

参编人员

本教程从2010年3月启动编写，先后有很多老师参与了编写。由于初稿与本教程差距很大，因此提供初稿的老师这里不再提及。本教程首先由主编提出整体构想、编写原则与大纲、经贸类前1500个高频率词等，编写组讨论完善隐性主题的选择后，分头对初稿进行改写，形成了本教材的第二稿。

参与本教程第二稿编写的老师很多，除了张小峰编写了两课样课外，以下老师各编写了1课：姚丹丹、孙琪、白晓媛、杨娟、乔秋芳、曹文婷、魏庭新、范伟、汪婷婷、王学琴、梁社会、陈琨、张文静、慈龙梅、周昊和徐正龙，另外张勤、殷维贞和张海霞也提供了最初的选文。

第三稿主要由张小峰、杨娟、魏庭新、梁社会和徐正龙这五位老师在第二稿的基础上带领上述编写第二稿的老师修改成稿。第三稿于2011年春季在5个预科平行班进行第二轮试用，并听取各方意见和建议，尤其是北京语言大学出版社组织的专家所提的宝贵意见和建议。参与编写与修改第四稿的都是预科部上课的老师，具体分工如下：

张小峰负责编写并修改第1、2、7、11课。

杨娟负责编写并修改第3、8、9、15课。

陈琨负责编写并修改第4、14课。

范伟负责编写并修改第5、10课。

魏庭新负责编写并修改第6、16、18课。

梁社会负责编写第12课，编写并修改第13课。

徐正龙负责编写第17课。

段轶娜负责修改第12、17课。

全书由主编修改定稿。

本教程从策划、编写、修改、试用到出版历时整整两年，从2010年3月至2011年6月在预科部15个平行班上试用了两轮，修改了多次，其中两次几乎是改头换面的修改。第二次试用的是教材的第三稿，教学效果很好，从形式到内容都很受经贸类专业预科学生的喜爱，这给了我们很大的鼓励。

鸣　谢

　　本教程得以完稿出版，我们要感谢的领导、专家、学者、老师有很多。除了要感谢上述参与编写的老师们的辛勤付出外，还要感谢教育部国家留学基金委李彦光主任和陈琳副主任的敦促和支持，感谢南京师范大学国际文化教育学院段业辉院长对预科专业汉语教材编写工作的督促、鼓励和支持，还要感谢北京语言大学崔永华教授多次审阅书稿，并给我们提了很多宝贵的意见和建议，感谢北京语言大学出版社全程式的指点和帮助。

　　本书不足之处在所难免，敬请专家学者和使用本教材的教师批评指正。

钱玉莲
2011.12.20

目 录
Contents

编写说明
Instructions

第 一 课　收入与消费　　　　　　　　　　　　1
Lesson 1　Income and Consumption

第 二 课　价格与价值　　　　　　　　　　　　14
Lesson 2　Price and Value

第 三 课　供给与需求　　　　　　　　　　　　27
Lesson 3　Supply and Demand

第 四 课　垄断与竞争　　　　　　　　　　　　40
Lesson 4　Monopoly and Competition

第 五 课　GDP与GNP　　　　　　　　　　　　53
Lesson 5　GDP and GNP

第 六 课　成本与利润　　　　　　　　　　　　66
Lesson 6　Cost and Profit

第 七 课　经济危机与通货膨胀　　　　　　　　79
Lesson 7　Economic Crisis and Currency Inflation

第 八 课　经济全球化　　　　　　　　　　　　91
Lesson 8　Economic Globalization

第 九 课　宏观调控　　　　　　　　　　　　　104
Lesson 9　Macro-Adjustment and Control

第 十 课　恩格尔系数与消费结构　　　　　　　117
Lesson 10　Engel's Coefficient and Consumption Structure

第十一课　社会保障　　　　　　　　　　　　　131
Lesson 11　Social Security

第十二课　国际贸易　　　　　　　　　　　　　143
Lesson 12　International Trade

第十三课	海关与关税	
Lesson 13	Customs and Tariff	**156**

第十四课	货币与汇率	
Lesson 14	Currency and Exchange Rate	**169**

第十五课	保险	
Lesson 15	Insurance	**183**

第十六课	广告与营销	
Lesson 16	Advertising and Marketing	**199**

第十七课	股份公司	
Lesson 17	Stock Companies	**212**

第十八课	跨国公司	
Lesson 18	Transnational Corporations	**225**

课文（手写体）
Texts (Handwritten) — **240**

词语总表
Vocabulary — **250**

Mp3目录
Mp3 Contents

音轨 File	课文页码 Page	音轨 File	课文页码 Page
1-1	2	10-1	118
1-2	2	10-2	118
2-1	15	11-1	132
2-2	15	11-2	132
3-1	28	12-1	144
3-2	28	12-2	144
4-1	41	13-1	157
4-2	41	13-2	157
5-1	54	14-1	170
5-2	54	14-2	170
6-1	67	15-1	184
6-2	67	15-2	184
7-1	80	16-1	200
7-2	80	16-2	200
8-1	92	17-1	213
8-2	92	17-2	213
9-1	105	18-1	226
9-2	105	18-2	226

第一课 Lesson 1

收入与消费
Income and Consumption

学习目标 Learning objectives

1. 通过课文的学习，了解收入与消费的基本关系
   - （1）了解消费在人类生活中的地位
   - （2）了解制约个人消费的主要因素
   - （3）了解制约社会总体消费的主要因素

2. 掌握相关专业词汇

3. 掌握下列常用表达式
   - （1）……和……相关
   - （2）……，反之，……

热身 Warming up

1. 人们每天都在花钱，想一想，人们为什么要花钱呢？
2. 花钱好像很简单，其实不简单。你觉得怎么花钱才好呢？

略读 Skimming

读一读下面的课文，看下面的句子对不对，对的画√，错的画×

Read the text and decide whether the following sentences are true (√) or false (×).

1. 消费就是吃和穿。　　　　　　　　　　（　　）
2. 人们的收入越多，消费就越多。　　　　（　　）
3. 人们未来的收入对消费没有影响。　　　（　　）
4. 收入差异会影响社会总体消费水平。　　（　　）

课文 Text

收入与消费

1　一个人从出生开始,就要吃,就要穿,就要利用社会产品来满足自己的需要,这就是消费。消费是人类生活中必不可少的一部分。

2　个人消费水平的高低,和人们当前的可支配收入相关。在物价稳定的条件下,人们的可支配收入越多,对商品和服务的消费量也就越大;收入增长得越快,消费的增幅也就越大。

3　个人消费水平的高低,还和人们的收入预期相关。如果人们相信未来的收入会增加,就可能预支将来的收入,"用明天的钱,圆今天的梦"。反之,如果人们预期将来收入减少,就会增加储蓄,减少消费。

4　从整个社会来看,社会总体消费水平和人们的收入差距相关。如果人们的收入差距太大,社会总体消费水平就会降

1. 收入	shōurù	名	income, gainings
2. 消费	xiāofèi	动	consume
3. 利用	lìyòng	动	use, utilize, take advantage of
4. 产品	chǎnpǐn	名	product
5. 满足	mǎnzú	动	content, satisfy
6. 需要	xūyào	名	need, demand
7. 必不可少	bì bù kě shǎo		indispensable, absolutely necessary
8. 水平	shuǐpíng	名	level, standard
9. 当前	dāngqián	名	current, present
10. 支配	zhīpèi	动	control, dominate
11. 相关	xiāngguān	动	be related to, be bound up with
12. 增幅	zēngfú	名	degree of increase, rate of growth
13. 预期	yùqī	动	expect, anticipate
14. 增加	zēngjiā	动	increase, add
15. 预支	yùzhī	动	pay in advance
16. 减少	jiǎnshǎo	动	reduce, decrease, cut down
17. 储蓄	chǔxù	名	savings, deposit
18. 总体	zǒngtǐ	名	total, overall
19. 差距	chājù	名	gap, disparity, difference
20. 降低	jiàngdī	动	reduce, lower, lessen

低。反之，如果收入差距合理，社会总体消费水平就会提高。

21. 反之　fǎnzhī　连　conversely, otherwise, on the contrary
22. 合理　hélǐ　形　reasonable, rational
23. 提高　tígāo　动　enhance, boost, improve

学习普通词语　Learning common words

一　读词语，写拼音，连英文

Read the following words and expressions, write down their *pinyin* and then match them with their English meanings.

利用	lìyòng	content, satisfy
满足	_____	total, overall
必不可少	_____	reasonable, rational
当前	_____	use, utilize, take advantage of
支配	_____	expect, anticipate
稳定	_____	gap, disparity, difference
预期	_____	indispensable, absolutely necessary
总体	_____	control, dominate
差距	_____	stable, steady
合理	_____	current, present

二　词语扩展　Word expansion

1. 利用　　　利用时间　　　利用假期　　　利用新技术
2. 满足　　　满足需要　　　满足愿望　　　满足要求
3. 必不可少　必不可少的练习　必不可少的知识　必不可少的一部分
4. 当前　　　当前的工作　　当前的困难　　当前的收入

5. 支配	支配收入	支配时间	合理支配
6. 稳定	收入稳定	物价稳定	社会稳定
7. 预期	收入预期	发展预期	工作预期
8. 总体	总体收入	总体设计	总体消费水平
9. 差距	差距大	差距小	有差距
10. 合理	合理的价格	合理的差距	差距合理

选词填空 Fill in the blanks with the given words or expressions.

> 差距　支配　满足　必不可少　预期　合理　稳定　利用

1. 发展经济需要（　　）新技术。
2. 这两家公司的服务态度（　　）很大。
3. 发展经济是为了（　　）人们的消费。
4. 最近物价不太（　　），东西有时贵，有时便宜。
5. 随着经济的发展，人们的收入（　　）越来越高。
6. 保护环境是发展经济（　　）的一部分。
7. 这家宾馆的环境很好，价格也（　　），所以很多人都喜欢住这里。
8. 这个月可以（　　）的收入比上个月减少了20%。

学习常用表达式
Learning useful expressions

……和……相关

1. 根据提示和示例，体会"……和……相关"在什么情况下使用
   Learn the usage of "……和……相关" with the help of the hints and examples.

   （1）提示：有良好的生活习惯，才有健康的身体；
   　　　　　没有良好的生活习惯，就没有健康的身体。
   　　示例：健康的身体和良好的生活习惯相关。

（2）提示：可支配收入高，个人消费水平才高；

　　　　可支配收入不高，个人消费水平就不高。

　　示例：个人消费水平的高低和人们当前的可支配收入**相关**。

2. 根据提示，用"……和……相关"将上下两句话组成一个句子

   Rewrite the sentences with "……和……相关" according to the hints.

   （1）提示：学习态度好，语言水平就可能高；

　　　　学习态度不好，语言水平就可能低。

　　组句：_____

   （2）提示：如果收入增长得快，那么消费增长得也快；

　　　　如果收入增长得慢，那么消费增长得也慢。

　　组句：_____

   （3）提示：如果人们的收入预期高，消费就可能会增加；

　　　　如果人们的收入预期低，消费就可能会减少。

　　组句：_____

   （4）提示：如果人们的收入差距大，社会总体消费水平就低；

　　　　如果人们的收入差距小，社会总体消费水平就高。

　　组句：_____

3. 用"……和……相关"说两个句子

   Make two sentences with "……和……相关".

   （1）_____

   （2）_____

二　……，反之，……

1. 根据提示和示例，体会"……，反之，……"在什么情况下使用

   Learn the usage of "……，反之，……" with the help of the hints and examples.

   （1）提示：好好学习，就能通过考试；

　　　　不好好学习，就不能通过考试。

示例：如果好好学习，就能通过考试。**反之**，如果不好好学习，就不能通过考试。

（2）提示：收入差距过大，社会总体消费水平就低；
　　　　　收入差距合理，社会总体消费水平就高。

示例：如果人们的收入差距过大，社会总体消费水平就会降低。**反之**，如果收入差距合理，社会总体消费水平就会得到提高。

2. 用"……，反之，……"完成下面的句子

Complete the following sentences with "……，反之，……".

（1）良好的学习习惯，可以使学习变得轻松愉快；反之，_____。

（2）如果人们的平均消费数量增大了，说明人们消费水平提高了；反之，_____。

（3）如果人们的收入预期提高了，就会增加消费；反之，_____。

（4）如果人们的收入增加了，人们的消费量就会提高；反之，_____。

3. 用"……，反之，……"说两个句子

Make two sentences with "……，反之，……".

（1）_____

（2）_____

学习专业词语　Learning specialized terms

一 读词语，写拼音，连英文

Read the following words and phrases, write down their *pinyin* and then match them with their English meanings.

消费	xiāofèi	income anticipated
消费量	_____	income
社会总体消费	_____	consumption
收入	_____	consume
可支配收入	_____	pay in advance
收入预期	_____	total consumption
预支	_____	disposable income
物价	_____	savings
增幅	_____	rate of growth
储蓄	_____	prices

二 词语扩展　Word expansion

例如：产品（社会产品）（农业产品）

1. 消费（　　　）（　　　）　　2. 收入（　　　）（　　　）

3. 增幅（　　　）（　　　）　　4. 总体（　　　）（　　　）

三 把下面的专业词语和它的意思连接起来

Match the following terms with their meanings.

收入预期　　　居民总收入中扣除各种税、费后可以用来自由支配的收入

个人消费　　　居民对未来收入的期望

社会总体消费　人们为满足自身需要而对各种产品的消耗

可支配收入　　全社会在一定时期内所消费的消费资料（含劳务）的总和

四 选词填空 Fill in the blanks with the given words or phrases.

> 消费　消费量　社会总体消费　可支配收入　收入预期　增幅

1. 在日常生活中，人们每天都离不开（　　　　）。
2. 在其他条件不变的情况下，（　　　　）越高，消费就越活跃。
3. （　　　　）水平和人们的收入差距关系密切。
4. 如果收入增长得比较慢，消费的（　　　　）也就会降低。
5. 随着经济形势的好转，居民的（　　　　）总体乐观，消费量明显上升。
6. 中国人口占世界总人口的1/5，但（　　　　）却只占世界的4%。

学习课文　Learning the text

一 朗读课文第1段，然后判断下面的句子对不对，对的画√，错的画×

Read Paragraph 1 of the text and decide whether the following sentences are true (√) or false (×).

1. 一个人从出生开始就需要消费。　　　　　　　（　　）
2. 消费就是吃和穿。　　　　　　　　　　　　　（　　）
3. 人类生活离不开消费。　　　　　　　　　　　（　　）
4. 消费就是利用社会产品来满足自己的需要。　　（　　）

二 朗读课文第2段，根据课文内容填空　Read Paragraph 2 and fill in the blanks.

个人消费水平的高低，和人们当前的（　　　　）相关。（　　　　）物价保持稳定的条件（　　　　），人们的可支配收入（　　　　）多，对商品和服务的消费量也就越大；（　　　　）增长得越快，消费的增幅也就越（　　　　）。

三 朗读课文第3段，完成下面的选择填空练习

Read Paragraph 3 and choose the correct answers to fill in the blanks.
1. "用明天的钱，圆今天的梦"，这句话的意思是（　　）。
　　A. 梦想明天会有钱　　　　　　B. 预支将来的收入
　　C. 为了将来多储蓄　　　　　　D. 明天有钱去消费

第一课　收入与消费

2. 如果人们相信将来的收入会增加，就可能（　　）；如果人们相信将来的收入会减少，就可能（　　）。

    A. 多存钱，多花钱　　　　　　B. 少存钱，多花钱

    C. 多存钱，少花钱　　　　　　D. 少存钱，少花钱

四　朗读课文第4段，完成下面的选择填空练习

Read Paragraph 4 and choose the correct answers to fill in the blanks.

1. 社会总体消费水平和（　　）相关。

    A. 个人的可支配收入　　　　　B. 个人的收入预期

    C. 人们的收入差距　　　　　　D. 个人的储蓄

2. 如果要提高社会总体消费水平，就应该（　　）。

    A. 扩大人们的收入差距　　　　B. 增加人们的储蓄

    C. 缩小人们的收入差距　　　　D. 改变人们的消费习惯

五　回忆课文，根据课文内容填空　Fill in the blanks according to the text.

消费就是利用社会产品来满足（　　　　）。从个人来看，个人消费水平的高低，不仅和（　　　　）相关，还和（　　　　）相关。从整个社会来看，社会总体消费水平和（　　　　）关系很大。

六　完整阅读课文，完成下面的练习　Read the whole text and do the following exercises.

1. 概括段落大意　Summarize the general meaning of each paragraph.

段落	段落大意
第1段	
第2段	
第3段	
第4段	

2. 根据下面表格的提示，复述课文

Retell the text based on the hints in the table below.

段落	段落功能	句子连接方法	关键词语
第1段	定义	……是……	消费　社会产品　需要

第2段	观点	和……相关	消费水平　可支配收入
	说明	越……，越……	可支配收入　消费量　增幅
第3段	观点	和……相关	消费水平　收入预期
	说明	如果……，就……，反之	预支　储蓄
第4段	观点	和……相关	社会总体消费水平　收入差距
	说明	如果……，就……，反之	差距大　差距合理

阅读与讨论 Reading and discussion

李华的生活怎么了

李华今年28岁，年收入近7万元，按照道理来说，收入也不能算少。可是自从两年前贷款买了那套90万的房子后，他的日子就不太好过了，因为他每个月都要向银行还一笔近4000块的贷款。好一点儿的衣服舍不得买，在餐馆吃饭简直就是享受，旅游更成了遥远的梦想，生活的目标似乎都成了房子。

1. 近　jìn　动　be close to
2. 道理　dàolǐ　名　reason
3. 贷款　dàikuǎn　动　loan
4. 日子　rìzi　名　livelihood
5. 舍不得　shěbude　动　hate to part with or use
6. 享受　xiǎngshòu　动　enjoy
7. 梦想　mèngxiǎng　名　dream
8. 目标　mùbiāo　名　goal

阅读短文，思考并回答下面的问题

Read the passage, think about the following questions and answer them.

1. 李华的收入怎么样？
2. 李华是怎么买房子的？
3. 买了房子以后，李华的生活有什么变化？

二 讨论与表达 Discussion and expression

1. 小组讨论 Group discussion

   （1）李华的日子为什么"不太好过"？

   （2）你觉得李华的这种消费方式怎么样？为什么？

   （3）你觉得怎么消费比较合理？

2. 运用下面的提示词语，说一说你们小组关于合理消费的看法

   Present your group's viewpoint on reasonable consumption using the following words and expressions.

   提示词语：生活水平　和……相关　在……的条件下
   　　　　　如果……，就……　消费　增加　可支配收入　减少

扩展阅读 Extensive reading

信用卡

以前，无论是购买商品还是外出旅游、餐饮，人们一般使用现金消费，就是"一手交钱，一手交货"。现在，越来越多的商业机构，如百货公司、航空公司、汽车销售商、餐馆、宾馆等都在利用信用工具来出售它们的产品和服务。利用信用工具，消费者不需要立刻付款，而是在买到自己需要的商品或服务之后的一段时间内付款。简单地说，就是"先消费，后付款"。

银行信用卡就是最常见的一种信用工具。银行信用卡是商业银行对信用良好的客户发行的一种信用凭证，信用卡上写着持卡人的名字、卡号

1. 信用卡　xìnyòngkǎ　名　credit card

2. 现金　xiànjīn　名　cash

3. 付款　fù kuǎn　动　pay

及信用额度等信息。有了信用卡，持卡人就可以用它来购物消费。

　　购物消费以后，持卡人都会按时收到对账单。对账单上有还款的详细信息。持卡人一定要注意还款的日期。在中国，信用卡的免息还款时间最短20天，最长50天。在这个时间内，只要全部还清对账单上的应还金额，持卡人就不用支付任何利息。

　　使用信用卡减少了现金的使用，让支付手续更简单了，给人们的消费带来了很多便利。

4. 信用额度	xìnyòng édù		credit limit
5. 对账单	duìzhàngdān	名	credit card statement
6. 还款	huán kuǎn	动	repay
7. 免息	miǎn xī	动	be exempted from interest
8. 利息	lìxī	名	interest

根据短文回答问题　Answer the questions according to the passage.

1. 现金消费和信用消费有什么不一样？
2. 信用卡上有哪些信息？
3. 怎么使用信用卡？
4. 你觉得使用信用卡有什么好处？

根据下面的对账单回答问题

Answer the questions according to the following credit card statement.

龙卡信用卡对账单（2011年6月）
Credit Card Statement

账户信息　Account Information

到期还款日　2011－05－12		本期全部应还款额　CNY　224	
Payment Due Date		New Balance	
账单日　2011－04－22		最低还款额　CNY　200	
Statement Date		Min. Payment	
信用额度　CNY　40,000		取现额度　CNY　20,000	
Credit Limit		Cash Advance Limit	

1. 本期消费应该在哪天还款?
2. 本期消费应该还多少钱? 最少要还多少钱?
3. 持卡人的信用额度是多少钱?
4. 你能说说这张对账单上的信息吗?

第二课 Lesson 2

价格与价值
Price and Value

> **学习目标 Learning objectives**
>
> 1. 通过课文的学习，了解价格与价值的基本关系
>   - （1）了解商品的价值
>   - （2）了解商品的价值与劳动生产率的关系
>   - （3）了解价格与价值的关系
> 2. 掌握相关专业词汇
> 3. 掌握下列常用表达式
>   - （1）由……决定
>   - （2）从……来看，……

热身 Warming up

1. 一台电脑现在的价格比以前要便宜得多，为什么？
2. 一种商品的价格会一直涨吗？会一直降吗？为什么？

略读 Skimming

读一读下面的课文，看下面的句子对不对，对的画√，错的画×

Read the text and decide whether the following sentences are true (√) or false (×).

1. 个别劳动时间决定了商品的价值。　　　　　　　　　（　　）
2. 提高劳动生产率，可以降低商品的价值。　　　　　　（　　）
3. 商品的价格和价值总是一致的。　　　　　　　　　　（　　）

课文 Text

价格与价值

1　商场里有很多的东西，它们的价格不一样，为什么呢？因为不同的商品，价值也不同。

2　商品的价值是由劳动时间决定的。但是不同生产者用的劳动时间是不一样的，所以商品的价值不是由生产者自己的劳动时间决定的，而是由社会必要劳动时间决定的。社会必要劳动时间是指在正常的生产条件、平均的劳动熟练程度和劳动强度下，生产一种商品的劳动时间。

3　生产同一种商品，有的人用的时间长，他们的商品就贵；有的人用的时间短，他们的商品就便宜。所以，生产者必须提高劳动生产率，减少生产的时间。劳动生产率是指在单位时间里生产的商品数量。如果一种商品的劳动生产率提高了，生产这种商品的社会必要劳动时间就会减少，这种商品的价值就会降低。

1. 价格　jiàgé　名　price
2. 价值　jiàzhí　名　value
3. 劳动　láodòng　名　work, labor, physical labor
4. 决定　juédìng　动　decide
5. 生产者　shēngchǎnzhě　名　producer
6. 必要　bìyào　形　necessary
7. 平均　píngjūn　形　on average
8. 强度　qiángdù　名　intensity
9. 率　lǜ　　rate, ratio
10. 单位　dānwèi　名　unit, section

4　价格是价值的表现。价格有时高，有时低，但是价格是在价值周围变化的，从长期来看，价格和价值是一致的，这就是价值规律。

> 11. 表现　biǎoxiàn　名　show, performance
> 12. 长期　chángqī　名　long-term
> 13. 一致　yízhì　形　identical, consistent

学习普通词语　Learning common words

一　读词语，写拼音，连英文

Read the following words, write down their *pinyin* and then match them with their English meanings.

决定	juédìng	raise
必要	_____	show, performance
平均	_____	identical, consistent
提高	_____	long-term
率	_____	decide
单位	_____	reduce
降低	_____	unit, section
表现	_____	on average
长期	_____	rate, ratio
一致	_____	necessary

二　词语扩展　Word expansion

1. 决定　　决定参加比赛　　决定留学　　由老师决定
2. 必要　　很有必要　　　　必要条件　　必要的时间
3. 平均　　平均成绩　　　　平均身高　　平均增长
4. 提高　　提高收入　　　　提高水平　　提高能力
5. 率　　　出生率　　　　　合格率　　　通过率
6. 单位　　单位时间　　　　时间单位　　重量单位

7. 降低	降低价格	降低难度	降低要求
8. 表现	学习表现	工作表现	学生的表现
9. 长期	长期的问题	长期的思考	长期的努力
10. 一致	一致同意	一致反对	意见一致

二 选词填空 Fill in the blanks with the given words.

> 决定　必要　平均　提高　率　单位　降低　表现　长期　一致

1. 这家公司技术先进，生产的商品合格（　　　）非常高。
2. 中国经济的发展是中国（　　　）改革开放的结果。
3. 了解中国文化是进入中国市场的（　　　）条件。
4. 这家公司的事情是由公司的经理（　　　）的。
5. 经理对李华的工作（　　　）非常满意。
6. 公司的所有职员（　　　）同意公司的发展计划。
7. 只有努力（　　　）商品的质量，才能进入外国的市场。
8. 经过三十多年的改革开放，中国人的（　　　）收入增加了很多。
9. 这家公司提高了生产率，商品的价格（　　　）了。
10. 从大到小，人民币的（　　　）可以分为元、角、分。

学习常用表达式
Learning useful expressions

一　由……决定

1. 根据提示和示例，体会"由……决定"在什么情况下使用

    Learn the usage of "由……决定" with the help of the hints and examples.

    （1）提示：经理决定公司的事情。

    　　示例：公司的事情由经理决定。

（2）提示：劳动时间决定商品的价值。
　　　示例：商品的价值由劳动时间决定。

2. 根据提示，用"由……决定"将上下两句话组成一个句子
   Rewrite the sentences with "由……决定" according to the hints.

   （1）提示：一个人的工作态度认真，他的工作成绩就好；
   　　　　　一个人的工作态度马虎，他的工作成绩就差。

   　　组句：_____

   （2）提示：劳动生产率越低，一种商品的生产时间就越长；
   　　　　　劳动生产率越高，一种商品的生产时间就越短。

   　　组句：_____

   （3）提示：一种商品的价值越高，这种商品的价格就越贵；
   　　　　　一种商品的价值越低，这种商品的价格就越便宜。

   　　组句：_____

   （4）提示：商品的价格越低，卖的就越多；
   　　　　　商品的价格越高，卖的就越少。

   　　组句：_____

3. 用"由……决定"说两个句子
   Make two sentences with "由……决定".

   （1）_____

   （2）_____

从……来看，……

1. 根据提示和示例，体会"从……来看，……"在什么情况下使用
   Learn the usage of "从……来看，……" with the help of the hints and examples.

   （1）提示：看他的表现，可以知道，他以前学过汉语。
   　　　示例：从他的表现来看，他以前学过汉语。

（2）提示：如果观察很长一段时间，可以知道，价格和价值是一致的。

示例：从长期来看，价格和价值是一致的。

2. 用"从……来看，……"将上下两部分连接成一个句子

   Combine the two parts in each group into a sentence with "从……来看，……".

   （1）① 长期

   ② 电脑的价格会越来越便宜

   _____

   （2）① 消费者

   ② 商品的价格越便宜越好

   _____

   （3）① 人们的收入

   ② 中国的经济发展得很快

   _____

   （4）① 商品的质量

   ② 这家公司还有很多工作要做

   _____

3. 根据问题，完成下面的对话

   Complete the following dialogues according to the questions.

   （1）A：这个班的学生能通过这次考试吗？

   B：从学习成绩来看，_____。

   （2）A：中国的市场有什么特点？

   B：从人口来看，_____。

   （3）A：价格和价值一致吗？

   B：从短期来看，_____；从长期来看，_____。

（4）A：这种手机怎么样？

　　　B：从价格来看，_____；从质量来看，_____

　　　　_____。

学习专业词语 Learning specialized terms

读词语，写拼音，连英文

Read the following words and phrases, write down their *pinyin* and then match them with their English meanings.

价格	jiàgé	value
价值	_____	price
生产者	_____	producer
个别劳动时间	_____	individual labor time
社会必要劳动时间	_____	social production conditions
社会生产条件	_____	law of value
社会平均劳动熟练程度	_____	the average labor proficiency
社会平均劳动强度	_____	labor productivity
劳动生产率	_____	the average labor intensity
价值规律	_____	socially necessary labor time

词语扩展 Word expansion

例如：商品（商品价格）（商品数量）

1. 劳动（　　　）（　　　）　　2. 价值（　　　）（　　　）
3. 生产（　　　）（　　　）　　4. 时间（　　　）（　　　）

三　把下面的专业词语和它的意思连接起来
Match the following terms with their meanings.

价格　　　　　　　价格是围绕价值变化的，从长期来看，价格和价值是一致的

价值规律　　　　　在单位时间里生产的商品数量

社会必要劳动时间　是价值的表现

劳动生产率　　　　按照现有的生产条件、平均的劳动熟练程度和劳动强度，生产一种商品用的劳动时间

四　选词填空　Fill in the blanks with the given words or phrases.

> 价值　　　价格　　　价值规律　　　个别劳动时间
> 社会必要劳动时间　　　劳动生产率

1. 一种商品的（　　　　）越高，买这种商品的人就越少。
2. 一种商品的价格是由这种商品的（　　　　）决定的。
3. 商品的价格是围绕商品的价值变化的，这就是（　　　　）。
4. 生产同一种商品，如果生产者的（　　　　）比别的生产者长，那么他们的商品就贵。
5. 如果一种商品的（　　　　）提高了，那么这种商品的价值就会降低。
6. 如果减少生产一种商品的（　　　　），这种商品的价值就会降低。

小贴士　Learning tips

1. 社会生产条件：指在一个生产部门里，生产绝大多数同类产品的条件。生产条件主要指劳动工具。
2. 社会平均的劳动熟练程度：指在一个生产部门里，绝大多数同类产品生产者的劳动水平。
3. 社会平均的劳动强度：指在一个生产部门里，绝大多数同类产品生产者的劳动紧张程度。

学习课文 Learning the text

一 朗读课文第1、2段，然后判断下面的句子对不对，对的画√，错的画 ×

Read Paragraphs 1 and 2 of the text and decide whether the following sentences are true (√) or false (×).

1. 不同的商品，价格不一样，但是价值一样。　　　　　　　　　（　　）
2. 商品的价值是由价格决定的。　　　　　　　　　　　　　　（　　）
3. 社会必要劳动时间就是生产者自己的劳动时间。　　　　　　（　　）
4. 在正常的生产条件、平均的劳动熟练程度和劳动强度下，生产一种商品的劳动时间叫做社会必要劳动时间。　　　　　　　　　　　　（　　）

二 朗读课文第3段，完成下面的选择填空练习

Read Paragraph 3 and choose the correct answers to fill in the blanks.

1. 如果一种商品的劳动生产率提高了，那么，在单位时间里，这种商品的生产数量会（　　）。

   A. 增加　　　　　B. 减少　　　　　C. 不变

2. 如果一种商品的劳动生产率提高了，那么，生产这种商品的社会必要劳动时间会（　　）。

   A. 变长　　　　　B. 变短　　　　　C. 不变

3. 如果一种商品的劳动生产率提高了，那么，这种商品的价值会（　　）。

   A. 提高　　　　　B. 降低　　　　　C. 不变

三 朗读课文第4段，做下面的练习

Read Paragraph 4 and do the following exercises.

1. 根据课文内容，判断下面的句子对不对，对的画√，错的画 ×

   Read Paragraph 4 and decide whether the following sentences are true (√) or false (×).

   （1）商品的价值表现为商品的价格。　　　　　　　　　　　（　　）
   （2）商品价格的变化和商品的价值没有关系。　　　　　　　（　　）
   （3）价格有时高，有时低，这就是价值规律。　　　　　　　（　　）

2. 根据提示词语回答下面的问题

Answer the question using the following words and expressions.

价格和价值是什么关系？

提示词语：表现　周围　变化　长期　从……来看　一致

四　完整阅读课文，完成下面的练习

Read the whole text and do the following exercises.

1. 概括段落大意　Summarize the general meaning of each paragraph.

段落	段落大意
第1段	
第2段	
第3段	
第4段	

2. 根据下面表格的提示复述课文

Retell the text based on the hints in the table below.

段落	段落功能	句子连接方法	关键词语
第1段	引入问题	……，为什么呢？因为……	价格　价值　不同
第2段	观点	由……决定	价值　劳动时间
第2段	说明	但是…… 不是……，而是……	生产者自己的劳动时间 社会必要劳动时间
第3段	观点	……，所以……	提高　劳动生产率
第3段	说明	如果……，就……	减少　社会必要劳动时间 价值　降低
第4段	观点	……是……	表现
第4段	说明	从……来看	长期　一致　价值规律

阅读与讨论 Reading and discussion

拿破仑为什么只用铝碗

一只用铝做的碗，现在看来非常普通，非常便宜。可是，一百多年以前，铝碗却是非常珍贵的，甚至是身份、地位的象征。法兰西帝国皇帝拿破仑三世（1808~1873）每次请人吃饭时，客人用银碗，只有他一个人用铝碗。这是为什么呢？因为当时生产铝需要的时间比生产银需要的时间多得多，所以铝碗的价格自然比银碗贵得多。后来，人们发明了一种技术，生产铝的劳动生产率因此大大提高，所以现在铝碗比银碗便宜得多。

1. 铝　lǚ　名　aluminium
2. 碗　wǎn　名　bowl
3. 珍贵　zhēnguì　形　rare, precious
4. 身份　shēnfèn　名　identity
5. 地位　dìwèi　名　status
6. 象征　xiàngzhēng　名　symbol
7. 皇帝　huángdì　名　emperor
8. 银　yín　名　silver
9. 技术　jìshù　名　technology

专有名词　Proper Nouns
1. 法兰西帝国　Fǎlánxī Dìguó Empire of France
2. 拿破仑三世　Nápòlún Sānshì Emperor Napoleon III

一　阅读短文，思考并回答下面的问题

Read the passage, think about the following questions and answer them.

1. 现在，一只铝碗的价格怎么样？
2. 法兰西帝国皇帝拿破仑三世每次请人吃饭时，为什么只有他一个人用铝碗？
3. 是什么使铝碗的价值发生了这么大的变化？

二　讨论与表达　Discussion and expression

1. 小组讨论　Group discussion

（1）以前铝碗比银碗贵，为什么？

（2）现在铝碗比银碗便宜，又是为什么？

（3）劳动生产率和商品的价值有什么关系？

2. 运用下面的提示词语，说一说你们小组对于价值与价格关系的看法

Present your group's viewpoint on the relationship between value and price using the following words and expressions.

提示词语：商品价值　社会必要劳动时间　由……决定
　　　　　如果……就……　劳动生产率　提高　减少　降低

扩展阅读　Extensive reading

到底该种什么

前几年，苹果的价格一直下跌，种苹果的收入很少，果农们都不愿意种苹果。看见有人种西瓜收入好，很多农民又都决定种西瓜。

有位农民看大家都去种西瓜了，就对家里人说："大家都不种苹果了，可我还要种苹果。不但要种，还要多种。"家里的人都不同意，因为他们担心卖苹果赔钱。村里的人也都笑他。

时间一天一天过去了，西瓜上市了。可没想到的是，那么多的西瓜就是卖不出去，人们赔了很多钱。同样没想到的是，苹果的价格上涨了，这位农民因为种的苹果多，赚了很多钱。村民们很奇怪："西瓜丰收了，却赔了钱，这是为什么？"

原来，商品的价格虽然是由商品的价值决定的，但是，商品的产量也会影响商品的价格。西瓜大量上市以后，西瓜的供应量比人们的需求量多，卖西瓜的人为了卖瓜，就会互相竞争，降低价格，结果是西瓜的价格比西瓜的价值低。而苹果的供应量少，人们对苹果的需求量多，卖苹果的人就会互相竞争，提高价格，结果是苹果的价格比价值高。

1. 下跌　xiàdiē　动　fall, drop
2. 上市　shàng shì　动　(of companies) go on the market
3. 赔　péi　动　lose money in business
4. 上涨　shàngzhǎng　动　rise, go up
5. 赚　zhuàn　动　make a profit, gain
6. 丰收　fēngshōu　动　bumper harvest
7. 产量　chǎnliàng　名　output
8. 供应量　gōngyìngliàng　名　quantity supplied
9. 需求量　xūqiúliàng　名　quantity demanded
10. 竞争　jìngzhēng　动　compete

根据短文回答问题 Answer the questions according to the passage.

1. 为什么大部分农民都不种苹果了?
2. 为什么很多农民选择种西瓜?
3. 今年的西瓜的产量怎么样?种西瓜的农民赚到钱没有?为什么?
4. 那位农民种了很多苹果,他赚钱了吗?
5. 前几年苹果的价格为什么下跌?今年苹果的价格为什么上涨?

第三课 Lesson 3

供给与需求
Supply and Demand

> **学习目标 Learning objectives**
>
> 1. 通过课文的学习，了解价格与供给、需求的基本关系
>   - （1）了解价格对供给的影响
>   - （2）了解价格对需求的影响
>   - （3）了解供求关系对价格的影响
>
> 2. 掌握相关专业词汇
>
> 3. 掌握下列常用表达式
>   - （1）……，而……
>   - （2）……v./adj.+于……

热身 Warming up

1. 人们一般在什么季节买空调？商店在什么季节能卖更多的空调？
2. 空调是夏天贵还是春天或秋天贵？为什么？

略读 Skimming

读一读下面的课文，看下面的句子对不对，对的画√，错的画×
Read the text and decide whether the following sentences are true (√) or false (×).

1. 一种商品的价格上涨了，会影响这种商品在市场上的供给。（   ）
2. 一种商品的价格下降了，市场对这种商品的需求量会变大。（   ）
3. 供给大于需求时，价格会降低。（   ）
4. 供给小于需求时，价格会上升。（   ）

课文 Text

供给与需求

1　供给是贸易的卖方（即生产者）出售的商品的数量，而贸易的买方（即消费者）购买的商品的数量就是需求。供给与需求是决定市场的两个最重要的因素。供给与需求的关系就是供求关系。

2　商品的价格对供给和需求有很大的影响。如果一种商品的价格上涨，那么生产者就会愿意扩大生产，这时，市场上这种商品的供给量也会上升；反之，如果一种商品的价格下跌，那么生产者就会减少生产，这时，市场上这种商品的供给量也会下降。

3　商品的价格与需求的关系是：当一种商品的价格上涨时，很多消费者就不愿意购买这种商品，这时，在市场上，这种商品的需求量就会下降；反之，当一种商品的价格下跌时，很多消费者就愿意购买这种商品，这时，在市场上，这种商品的需求量就会上升。

4　当然，供求关系对商品价格的

1. 供给	gōngjǐ	动	supply
2. 需求	xūqiú	名	demand
3. 卖方	màifāng	名	seller, the selling party
4. 出售	chūshòu	动	sell
5. 买方	mǎifāng	名	buyer, purchaser
6. 消费者	xiāofèizhě	名	consumer
7. 购买	gòumǎi	动	buy, purchase
8. 因素	yīnsù	名	factor, element
9. 上升	shàngshēng	动	increase, rise, ascend
10. 下降	xiàjiàng	动	fall, go down, drop, decline
11. 需求量	xūqiúliàng	名	quantity demanded

影响也很大。当供大于求时，生产者为了卖出商品，会主动降低价格，因为这时买方在交易中处于有利地位，这时的市场是买方市场；当供小于求时，消费者为了买到商品，会使价格上涨，因为这时卖方在交易中处于有利地位，这时的市场是卖方市场。

5　一般情况下，供给和需求不相等，当供等于求时，这时的市场是理想的市场，叫均衡市场。这时的价格叫均衡价格。

12. 大于　　dàyú　　动　be greater than
13. 交易　　jiāoyì　　名　transaction, deal
14. 处于　　chǔyú　　动　be (in a certain condition)
15. 有利　　yǒulì　　形　advantageous
16. 地位　　dìwèi　　名　status, position, place
17. 买方市场　mǎifāng shìchǎng　buyer's market
18. 小于　　xiǎoyú　　动　be smaller than
19. 卖方市场　màifāng shìchǎng　seller's market
20. 等于　　děngyú　　动　equal, be equivalent to
21. 均衡　　jūnhéng　　形　proportionate, balanced

学习普通词语　Learning common words

一　读词语，写拼音，连英文

Read the following words, write down their *pinyin* and then match them with their English meanings.

购买	gòumǎi	increase, rise, ascend
决定	_____	factor, element
因素	_____	fall, go down, drop, decline
上涨	_____	be greater than
上升	_____	be (in a certain condition)
下跌	_____	advantageous
下降	_____	(of prices) rise, go up
大于	_____	buy, purchase
处于	_____	decide
有利	_____	(of prices) fall, drop

地位	_____	be smaller than
小于	_____	status, position, place
等于	_____	equal, be equivalent to

二 词语扩展 Word expansion

1. 购买	购买商品	购买产品	购买技术
2. 决定	性格决定命运	起决定作用	现在决定将来
3. 因素	重要因素	两大因素	关键因素
4. 上涨	价格上涨	河水上涨	工资上涨
5. 上升	温度上升	产量上升	体重上升
6. 下跌	价格下跌	水位下跌	下跌五元钱
7. 下降	气温下降	成绩下降	产量下降
8. 处于	处于优势	处于安全状态	处于发展阶段
9. 有利	有利条件	对健康有利	有利于发展
10. 地位	提高地位	家庭地位	社会地位

三 选词填空 Fill in the blanks with the given words.

> 购买　因素　地位　上涨　决定　小于　下跌　有利

1. 找工作受年龄、性别、成长环境等很多（　　　）的影响。
2. 只追求数量，不追求质量，好处（　　　）坏处。
3. 最近黄金的价格（　　　）了很多，本来想买条金项链的，现在只能等等了。
4. 你考虑过这个政策对谁（　　　）了吗？
5. 这家工厂向国外（　　　）了新技术，结果发展得越来越好。
6. 经过几年的努力和发展，这家公司在市场上的（　　　）有了很大的提高。
7. 这家工厂的管理水平、产品的质量等（　　　）了它一定能取得成功。
8. 真倒霉，刚买了一个月，这款手机的价格已经（　　　）了1000元。

学习常用表达式
Learning useful expressions

一、……，而……

1. 根据提示和示例，体会"……，而……"在什么情况下使用
   Learn the usage of "……，而……" with the help of the hints and examples.
   （1）提示：夏天，我喜欢游泳；冬天，我喜欢打羽毛球。
      示例：夏天我喜欢游泳，而冬天，我喜欢打羽毛球。
   （2）提示：贸易的卖方出售商品的数量是供给，贸易的买方购买的商品的数量是需求。
      示例：贸易的卖方出售商品的数量是供给，而贸易的买方购买的商品的数量是需求。

2. 用"……，而……"改写下面的句子
   Rewrite the sentences with "……，而……" according to the hints.
   （1）努力就会进步，不努力就会退步。

   _____

   （2）我喜欢去饭店吃饭，妈妈喜欢在家做饭吃。

   _____

   （3）年轻人会预支将来的收入，老人喜欢储蓄。

   _____

   （4）夏冬季节空调卖得贵，春秋季节空调卖得便宜。

   _____

3. 用"……，而……"说两个句子
   Make two sentences with "……，而……".

   （1）_____

   （2）_____

二 ……v./adj. + 于……

1. 根据提示和示例，体会"……v./adj. + 于……"在什么情况下使用

   Learn the usage of "……v./adj. + 于……" with the help of the hints and examples.

   （1）提示：中国东部的经济发展速度比西部快。

   示例：中国东部的经济发展速度**快**于西部。

   （2）提示：很多幼儿的教育费用比大学生高。

   示例：很多幼儿的教育费用**高**于大学生。

2. 用"……v./adj. + 于……"改写下面的句子

   Rewrite the following sentences with "……v./adj. + 于……".

   （1）中国的科学技术水平比西方落后。

   _____。

   （2）锻炼身体的好处比坏处大。

   _____。

   （3）他的收入比我的高。

   _____。

   （4）有时，价格比价值低。

   _____。

3. 用"……v./adj.+于……"说两个句子

   Make two sentences with "……v./adj.+于……".

   （1）_____

   （2）_____

第三课　供给与需求

学习专业词语　Learning specialized terms

一　读词语，写拼音，连英文

Read the following words, write down their *pinyin* and then match them with their English meanings.

词语	拼音	英文
供给	gōngjǐ	sell
出售	＿＿＿＿	buyer, purchaser
生产者	＿＿＿＿	supply
卖方	＿＿＿＿	seller, the selling party
买方	＿＿＿＿	producer
消费者	＿＿＿＿	quantity demanded
需求	＿＿＿＿	demand
供给量	＿＿＿＿	proportionate, balanced
需求量	＿＿＿＿	consumer
均衡	＿＿＿＿	quantity supplied

二　词语扩展　Word expansion

例如：产品（社会产品）（农业产品）

1. 供给（　　）（　　）　　2. 需求（　　）（　　）
3. 出售（　　）（　　）　　4. 均衡（　　）（　　）

三　把下面的专业词语和它的意思连接起来

Match the following terms with their meanings.

买方市场　　　供给小于需求、商品价格有所上涨，卖方在交易上处于有利地位的市场趋势

卖方市场　　　供给等于需求时的市场

均衡市场　　　生产者在某一价格下希望出售的某种商品的数量

供给量　　　　供给大于需求、商品价格有下降趋势，买方在交易上处于有利地位的市场趋势

四 选词填空 Fill in the blanks with the given words.

> 供给　出售　生产者　消费者　需求　均衡

1. 这家公司推出的新产品从明天起（　　　　）。
2. 很多著名的公司有专门的部门研究顾客的（　　　　）变化。
3. 根据调查，（　　　　）决定购买哪种商品的时候，最重视的是其质量。
4. 这次会议决定从明年开始增加普通商品住房的（　　　　），以满足大众的需要。
5. 经济、社会、资源环境的（　　　　）发展是我们的最大目标。
6. 印度决定推出"（　　　　）责任制度"，用来限制塑料产品的使用，对塑料袋的厂商提出了保护环境的要求。

五 参考英语翻译，用汉语解释下列专业词语

Explain the following terms in Chinese with the help of their English translations.

1. 宏观经济　hóngguān jīngjì　macro economy

   _____

2. 完全竞争　wánquán jìngzhēng　perfect competition

   _____

3. 国民收入　guómín shōurù　national income

   _____

4. 经济总量　jīngjì zǒngliàng　economic aggregate

   _____

学习课文 Learning the text

一 朗读课文第1段，完成句子

Read Paragraph 1 of the text and complete the sentences.

1. 供给就是_____。

2. 需求就是_____。

3. _____与_____的关系就是供求关系。

二 朗读课文第2段，根据课文内容填空

Read Paragraph 2 and fill in the blanks according to the text.

如果一种商品的价格上涨，生产者就会愿意（　　　）生产，这时，市场上这种商品的（　　　）也会上升；反之，如果一种商品的价格下跌，那么生产者就会（　　　）生产，这时市场上这种商品的（　　　）也会（　　　）。

三 朗读课文第3段，然后判断下面的句子对不对，对的画√，错的画×

Read Paragraph 3 and decide whether the following sentences are true (√) or false (×).

1. 一种商品的价格上涨时，市场上这种商品的需求量会减少。（　　）

2. 电视机涨价了，电视机生产商王老板应该缩小生产。（　　）

3. 一种商品的价格下跌了，这种商品的供给量和需求量的变化是相反的。（　　）

四 朗读课文第4、5段，做下面的练习

Read Paragraphs 4 and 5 and do the following exercises.

1. 根据课文内容填空　Fill in the blanks according to the text.

（　　　）关系对商品的价格影响很大。当（　　　）时，生产者为了卖出商品，会主动降低价格；当（　　　）时，消费者为了买到商品，会使价格上涨。

2. 解释下面的词语　Explain the following terms.

（1）买方市场：

（2）卖方市场：

（3）均衡市场：

五 阅读课文，填写关键词

Read the text and write down the key words of each paragraph.

段落	关键词语
第1段	
第2段	
第3段	
第4段	

六 根据下面的问题，总结课文的主要内容

Summarize the main content of the text based on the following questions.

1. 本课主要讨论什么和什么的关系？
2. 商品的价格对商品的供给量有什么样的影响？
3. 商品的价格对商品的需求量有什么样的影响？
4. 供求关系对商品的价格有什么样的影响？

阅读与讨论 Reading and discussion

小红买黄瓜

小红特别喜欢吃黄瓜，生吃，也做成各种各样的菜吃。黄瓜一般在夏天上市，这时黄瓜最贵的差不多一块钱一斤，不太新鲜的黄瓜只要几毛钱就能买到。现在，随着种植技术的进步，冬天也能吃到新鲜的黄瓜了，不过价格就贵多了，一般的黄瓜卖两三块一斤。小红春节时想买点儿黄瓜招待客人，到超市一看，黄瓜卖到四五块钱一斤，比有的水果还贵。小红说：幸亏天气不错，天气不好的时候，价格更贵呢。

1. 黄瓜 huángguā 名 cucumber
2. 生 shēng 形 raw
3. 种植 zhòngzhí 动 plant
4. 招待 zhāodài 动 receive (guests)
5. 幸亏 xìngkuī 副 fortunately

一 阅读短文，思考并回答下面的问题

Read the passage, think about the following questions and answer them.

1. 夏天黄瓜价格怎么样？

2. 冬天黄瓜价格怎么样？

3. 黄瓜的价格在冬天和夏天为什么不同？

二 讨论与表达　Discussion and expression

1. 小组讨论　Group discussion

（1）为什么黄瓜在春节时很贵？

（2）为什么天气不好的时候黄瓜更贵？

2. 运用下面的提示词语，说一说你们小组关于供给与需求的看法

Present your group's viewpoint on supply and demand using the following words and expressions.

提示词语：供给　需求　供给量　需求量　价格　adj./v.+于　生产者　消费者　市场　……，而……

扩展阅读　Extensive reading

（一）旅游市场

很多人都喜欢旅游——走出家门，出去看世界。大家都选择在什么时候旅游呢？根据调查，大家最喜欢在"十一"黄金周出去旅游，因而这段时间又被称为"旅游旺季"。由于出行的人增多，航空公司、宾馆都会相应提高价格，各大旅行社往往趁机提高旅游费用。所以如果你有其他假期的话，最好选择其他时间旅游，不仅价格便

1. 黄金周　huángjīnzhōu　名
golden week, the seven-day holidays in China

2. 旺季　wàngjì　名
peak period, busy season

宜，而且可以更好地享受风景。学生和教师的假期较多，很多旅行社看准了学生和教师群体，推出了寒假游、暑假游，由于价格便宜，受到了广大师生的欢迎。

旅游市场内部的竞争不仅仅是旅行社之间的竞争，还包括各个省、市之间的竞争，各个地方纷纷发挥自己的优势，以吸引更多的游客。这些优势包括：（1）自然风景，例如四川、新疆、西藏、宁夏等地；（2）文化特色，比如山东省就充分利用了作为孔子家乡的优势；（3）利民服务，如一些大城市将博物馆、公园、文化馆等免费开放，以吸引本市及周边城市市民在周末及短假时出门旅游消费。

随着人们生活水平的提高，大家已经不满足在国内旅游，虽然有些旅游路线一直在降价，但是效果并不明显。于是，各大旅行社推出了很多新路线，比如美国、欧洲、埃及等，虽然价格贵了点儿，但是对一些富起来的人来说，这不算什么。

现在的旅游市场竞争十分激烈，想要吸引更多的游客，提高服务质量，提高导游的业务水平，使游客感到安全、放心，才是在竞争中取胜的关键。

3. 相应 xiāngyìng 动 accordingly
4. 旅行社 lǚxíngshè 名 travel agency
5. 优势 yōushì 名 superiority, preponderance
6. 特色 tèsè 名 characteristic
7. 激烈 jīliè 形 intense, fierce
8. 业务 yèwù 名 professional work

根据课文回答问题 Answer the questions according to the text.

1. "十一"黄金周为什么是旅游旺季？
2. 黄金周期间旅游价格为什么比较贵？
3. 各个地方努力发挥自己的优势，目的是什么？
4. 旅行社为什么推出新路线？

（二）九寨沟、黄龙自助游

九寨沟和黄龙位于四川省，海拔2000米以上，是全国重点风景名胜区。秋季是九寨沟最灿烂的季节，色彩丰富，空气清新，风景最美。

成都市某旅行社报价：

北京直飞九寨沟、黄龙半自助纯玩儿四日游

时间	内容	报价	备注
三月下旬	含北京到九寨沟、黄龙的往返机票	2880元	
五一期间	不含北京到九寨沟、黄龙的往返机票	2600元	4月30日北京到黄龙机票最低票价为1145元（需提前预订）
国庆期间	从成都出发，北京到成都的往返机票自理	3500元	成都到九寨沟的车票价格约为138元。9月30日北京到黄龙机票最低票价为1740元（需提前预订）

根据短文内容回答问题 Answer the questions according to the passage.

1. 这三个时间段哪段时间价格最贵？哪段时间最便宜？
2. 为什么这三段时间价格差别这么大？分别体现了什么规律？

第四课 Lesson 4

垄断与竞争
Monopoly and Competition

学习目标 Learning objectives

1. 通过课文的学习，了解垄断与竞争的基本关系
   （1）了解竞争的内涵及意义
   （2）了解垄断是如何产生的
   （3）了解垄断与竞争的基本关系

2. 掌握相关专业词汇

3. 掌握下列常用表达式
   （1）……，从而……
   （2）在……的作用下，……

热身 Warming up

1. 市场上到处都存在着竞争，想一想，为什么会产生竞争呢？
2. 想一想，如果市场没有了竞争，我们的生活会变成什么样子？

略读 Skimming

读一读下面的课文，看下面的句子对不对，对的画√，错的画×
Read the text and decide whether the following sentences are true (√) or false (×).

1. 企业竞争的目的是为了获取利益。　　　　　　（　　）
2. 竞争对企业不利。　　　　　　　　　　　　　（　　）
3. 垄断产生于竞争。　　　　　　　　　　　　　（　　）
4. 企业规模扩大必然会产生垄断。　　　　　　　（　　）

第四课　垄断与竞争

课文 Text

垄断与竞争

1　市场上有很多提供商品的供应商和购买商品的消费者，因此，产品、价格等很难被统一控制。企业为了得到更多的好处，不断进行各种争取经济利益的活动，这种行为就是竞争。

2　市场经济中到处都有竞争。在竞争的作用下，有的企业的产品质量更好，价格更低，给消费者带来更多的便利和好处，受到消费者的普遍欢迎，这些企业就能在竞争中获胜。相反，另外一些企业可能在竞争中倒闭，这就是优胜劣汰。

3　为了增强竞争力，大企业往往利用自己在经济上的优势，通过互相联合或者兼并中小企业，从而实现对一个或几个部门商品的生产、销售和价格的控制。这样就形成了垄断。

4　垄断产生于竞争，但是，垄断与竞争是一对矛盾。由于缺少竞争压力和发展动力，垄断行业的服务质量往往不好，经常会损害消费者

1. 垄断	lǒngduàn	动	monopolize
2. 竞争	jìngzhēng	动	compete
3. 供应商	gōngyìngshāng	名	supplier
4. 统一	tǒngyī	形	unified
5. 企业	qǐyè	名	enterprise
6. 争取	zhēngqǔ	动	fight for, strive for
7. 利益	lìyì	名	interest
8. 行为	xíngwéi	名	behavior
9. 市场经济	shìchǎng jīngjì		market economy
10. 便利	biànlì	形	convenient
11. 获胜	huò shèng	动	win victory
12. 倒闭	dǎobì	动	close down, go bankrupt
13. 优胜劣汰	yōu shèng liè tài		survival of the fittest
14. 增强	zēngqiáng	动	strengthen
15. 竞争力	jìngzhēnglì	名	competitiveness
16. 联合	liánhé	动	unite
17. 兼并	jiānbìng	动	annex (territory, property)
18. 销售	xiāoshòu	动	sell
19. 矛盾	máodùn	名	contradiction
20. 动力	dònglì	名	power, impetus
21. 行业	hángyè	名	business, industry
22. 损害	sǔnhài	动	damage

的利益。这对市场经济的发展非常不利。因而，从整个市场经济发展来看，应该鼓励自由竞争，反对垄断行为，这样才能保障消费者的利益，使市场经济在竞争中不断向前发展。

23. 不利 búlì 形 unfavorable, disadvantageous
24. 因而 yīn'ér 连 therefore, consequently, as a result
25. 保障 bǎozhàng 动 ensure, safeguard

学习普通词语 Learning common words

一 读词语，写拼音，连英文

Read the following words, write down their *pinyin* and then match them with their English meanings.

统一	tǒngyī	power, impetus
争取	___	damage
行为	___	therefore, consequently, as a result
便利	___	strengthen
获胜	___	contradiction
增强	___	unified
矛盾	___	convenient
动力	___	win victory
损害	___	fight for, strive for
不利	___	unfavorable, disadvantageous
因而	___	behavior
保障	___	ensure, safeguard

二 词语扩展　Word expansion

1. 统一　　统一国家　　　统一价格　　　统一管理
2. 争取　　争取权益　　　争取支持　　　努力争取
3. 便利　　生活便利　　　交通便利　　　便利商店
4. 增强　　增强竞争力　　增强意识　　　增强责任感
5. 矛盾　　心情矛盾　　　前后矛盾　　　主要矛盾
6. 动力　　学习动力　　　发展动力　　　精神动力
7. 损害　　损害利益　　　损害健康　　　严重损害

三 选词填空　Fill in the blanks with the given words.

> 损害　增强　统一　争取　保障　动力　矛盾　便利

1. 目前只有提高产量，才能解决市场的供需（　　　）。
2. 对每位客人的最低消费，那家饭店的各个分店进行了（　　　）规定。
3. 这座新建的大桥为市民的出行带来了很大的（　　　）。
4. 为了（　　　）在国际市场上的竞争力，我们要努力提高产品质量。
5. 国家给生活困难的人提供资金帮助，以（　　　）他们的基本生活。
6. 经过大家的共同努力，这个工程（　　　）到了公司150万的资金。
7. 旅游业已经成为拉动这个城市经济发展的主要（　　　）了。
8. 物价上涨太快，已经严重（　　　）到老百姓的利益了。

学习常用表达式
Learning useful expressions

四 ……，从而……

1. 根据提示和示例，体会"……，从而……"在什么情况下使用
   Learn the usage of "……，从而……" with the help of the hints and examples.

   （1）提示：他努力学习，学到了很多知识，因此取得了好成绩。

示例：通过努力学习，他学到了很多知识，从而取得了好成绩。

（2）提示：学校加强了安全管理，因此保障了学生的安全。

示例：学校通过加强安全管理，从而保障了学生的安全。

（3）提示：幸福快乐可以让人更加健康，健康又可以让人长寿。

示例：幸福快乐可以让人更加健康，从而延年益寿。

（4）提示：企业给员工提供好的福利，激励和留住优秀员工，这样企业可以提高竞争力。

示例：企业给员工提供好的福利，激励和留住优秀员工，从而可以提高企业的竞争力。

2. 用"从而"改写下面的句子

Rewrite the following sentences with "从而".

（1）我们进行了调查，发现了问题，最后找到了解决问题的方法。

_____

（2）公司引进了新的生产设备，增强了产能，提高了经济效益。

_____

（3）我们要努力提高产品质量，这样才能增强企业的竞争力。

_____

（4）要先发展对外贸易，这样才可以带动全市的经济发展。

_____

（5）原油价格上涨，使得塑料价格上涨，因此导致塑料制品价格也跟着上涨。

_____

二、在……的作用下，……

1. 根据提示和示例，体会"在……的作用下，……"在什么情况下使用

Learn the usage of "在……的作用下，……" with the help of the hints and examples.

（1）提示：医生给我吃了退烧药，因为吃了退烧药，我感到舒服多了。

示例：**在退烧药的作用下**，我感到舒服多了。

（2）提示：这个地方风沙很大，因为风沙，当地的古建筑侵蚀严重。

示例：**在风沙的作用下**，当地的古建筑侵蚀严重。

2. 用"在……的作用下"改写下面的句子

Rewrite the following sentences with "在……的作用下".

（1）因为各种各样的有利因素，中国经济发展的速度很快。

_____

（2）最近国家制定了限购政策，因为这个政策，城市房价有些下滑。

_____

（3）刷信用卡时不用过多考虑卡里钱够不够，这种感觉很痛快，因此我们常常把卡刷爆。

_____

（4）"用明天的钱，圆今天的梦"，因为这个想法，人们常常相信未来的收入会增加，就会预支将来的收入。

_____

（5）虽然价格时高时低，但是因为价值规律的影响，价格是在价值周围变化的，从长期来看，价格和价值是一致的。

_____

学习专业词语　Learning specialized terms

一　读词语，写拼音，连英文

Read the following words and expressions, write down their *pinyin* and then match them with their English meanings.

垄断	lǒngduàn	supplier
供应商	_____	monopolize
企业	_____	business, industry

利益　　　　_____　　　interest
市场经济　　_____　　　market economy
倒闭　　　　_____　　　annex
优胜劣汰　　_____　　　survival of the fittest
竞争力　　　_____　　　sell
联合　　　　_____　　　unite
兼并　　　　_____　　　close down, go bankrupt
销售　　　　_____　　　competitiveness
行业　　　　_____　　　enterprise

二　词语扩展　Word expansion

例如：产品（社会产品）（农业产品）

1. 垄断（　　　）（　　　）　　2. 利益（　　　）（　　　）
3. 兼并（　　　）（　　　）　　4. 销售（　　　）（　　　）

三　把下面的专业词语和它的意思连接起来

Match the following terms with their meanings.

供应商　　　　企业或商店无法维持而停业
倒闭　　　　　优秀的能够胜出，差的将落选
优胜劣汰　　　直接向零售商提供商品的企业、个体商户等
行业　　　　　职业的类别

四　选词填空　Fill in the blanks with the given words or expressions.

> 垄断　　利益　　兼并　　销售　　优胜劣汰　　竞争力

1. 中国不断提高自己在国际上的（　　　　）。
2. 很多小企业因为经营不善而被大企业（　　　　）。
3. 有些大企业通过不正当的手段控制价格，对其进行（　　　　）。
4. 企业为了获得更多的经济（　　　　），而不断进行竞争。

5. 留下优秀的员工,解雇不合格的员工,就是一种(　　　　)的选择。

6. 为了把商品更快地卖出去,他们想出了各种各样的(　　　　)手段。

五 学习下面的专业词语　　Learn the following terms.

1. 短期成本:short-run cost

指厂商在短期内生产一定产量需要的成本总额,它是短期内每一产量水平的固定成本和可变成本之和。

2. 长期成本:long-run cost

指规模可以变动、各种要素及数量都会变动的情况下,生产一定产量必须花费的可能的最低成本。

3. 垄断市场:captive market

指整个行业中只有唯一一个厂商的市场组织。

4. 非价格竞争:nonprice competition

在垄断市场上,由于每一个厂商生产的产品都是有差别的,所以,垄断厂商往往通过改进产品品质、精心设计包装、改善产品售后服务以及广告宣传等手段,来扩大自己产品的市场销售份额,这就是非价格竞争。

学习课文　Learning the text

一 朗读课文第1段,回答下面的问题

Read Paragraph 1 of the text and answer the following questions.

1. 什么是供应商?

2. 为什么产品、价格等很难被统一控制?

3. 企业为了得到更多的好处,常常怎么做?

二 朗读课文第2段，做下面的练习

Read Paragraph 2 and complete the following exercises.

1. 回答问题　Answer the following questions.

（1）在竞争的作用下，有的企业是因为什么受到消费者的普遍欢迎？

（2）有些企业在竞争中倒闭了，你觉得原因是什么？

2. 选词填空　Fill in the blanks with the following words.

质量　淘汰　作用　差　欢迎

在竞争的（　　）下，有的企业提高了产品的（　　），价格更低，所以受到消费者的普遍（　　），而有些企业却越来越（　　），在竞争中遭到（　　）。

三 朗读课文第3段，然后判断下面的句子对不对，对的画√，错的画×

Read Paragraph 3 and decide whether the following sentences are true (√) or false (×).

1. 大企业形成垄断，是为了增强在市场上的竞争力。　　　（　　）
2. 形成垄断的大企业经济上有优势。　　　（　　）
3. 在形成垄断的过程中，大企业联合中小企业，并不兼并它们。　　　（　　）
4. 形成垄断的大企业能对一个或几个部门的价格进行控制。　　　（　　）

四 朗读课文第1~3段，把段落和它的段落关键词连接起来

Read Paragraphs 1~3 and match them with their key words.

第1段　　　　　　　　垄断

第2段　　　　　　　　竞争

第3段　　　　　　　　优胜劣汰

五 朗读课文第4段，然后判断下面的句子对不对，对的画√，错的画×

Read Paragraph 4 and decide whether the following sentences are true (√) or false (×).

1. 垄断是因为竞争而产生的。　　　（　　）
2. 垄断行业的服务质量往往不好，是因为竞争太激烈。　　　（　　）
3. 自由竞争对市场经济的持续发展有利。　　　（　　）

六 完整阅读课文，完成下面的练习
Read the whole text and do the following exercises.

1. 概括段落大意　Summarize the general meaning of each paragraph.

段落	段落大意
第1段	
第2段	
第3段	
第4段	

2. 根据下面表格的提示复述课文

Retell the text based on the hints in the table below.

段落	连接方法	关键词语
第1段	因此　为了……	供应商　统一　企业　争取 利益　行为　竞争
第2段	在……作用下 受到……欢迎	市场经济　竞争　便利　获胜 相反　倒闭　优胜劣汰
第3段	为了　通过…… 从而　对……的控制	增强竞争力　利用　优势 联合　兼并　实现
第4段	由于　对……不利 因而　从……来看	矛盾　缺少　损害　利益 鼓励　反对　保障

阅读与讨论　Reading and discussion

可乐之争

可口可乐公司与百事可乐公司是全球最大的两大软饮料生产商，他们的竞争一直伴随着他们的发展历史。百事可乐与

1. 盯　dīng　动　fix one's eyes on

可口可乐都盯着对方，只要对方一有新动作，另一方肯定也会有新花样。可口可乐早在20世纪20年代便在古巴用飞机在空中喷出"COCA-COLA"字样，可惜因为缺少经验而失败。百事可乐在1940年更是一下租了8架飞机，飞了14.5万公里，在东西两海边城市，喷出了百事可乐的广告。可口可乐又想出了新的方法，赞助了1939年的纽约世界博览会，并请名人品尝，把照片登在杂志封面上。但相比之下，百事可乐的广告方式更特别，他们专门设计了一套卡通片，而且还创作了一首特别流行的广告歌曲。除了在本行业的竞争以外，可口可乐和百事可乐这两大品牌还在其他行业进行竞争，包括饮食、体育、音乐等。在相互竞争中，双方都想方设法争取第一，但结果却是二者都有了不断的发展。

2. 花样　huāyàng　名　trick
3. 喷　pēn　动　spray, sprinkle
4. 赞助　zànzhù　动　support, patronize, sponsor
5. 博览会　bólǎnhuì　名　exposition
6. 封面　fēngmiàn　名　cover

一、阅读短文，思考并回答下面的问题

Read the passage, think about the following questions and answer them.

1. 这段短文主要说的是市场经济中的什么现象？
2. 这种现象对两大可乐公司有什么作用？

二、讨论与表达　Discussion and expression

1. 为什么两大公司要展开竞争？
2. 讨论一下竞争对两大公司的利与弊。
3. 你觉得竞争在市场经济中有什么作用？

三、运用下面的提示词语，说一说竞争在市场经济中的作用

Present your group's viewpoint on the function of competition in market economy using the following words and expressions.

提示词语：竞争 在……的作用下 通过……，从而……
       控制 应该 鼓励 反对

扩展阅读 Extensive reading

反垄断

反垄断是一个公司进行垄断行为或将要进行垄断行为的时候，一个国家的政府或国际组织进行阻止的一种手段。从19世纪末各国就开始制定反垄断法，用法律进行反垄断。

垄断行为破坏市场经济的自由、平等。没有了自由和平等，会大大危害其他企业和消费者的利益，阻碍市场经济的发展，因而，世界各国及国际组织都在积极进行反垄断、维护竞争、保护市场经济。

有些人认为，进行垄断的都是大企业，反垄断就是反对大企业。只要企业发展壮大，就可能被当成垄断企业。特别是微软公司垄断案发生以后，有人认为就是因为微软公司规模大了，才受到反垄断组织的打击，反垄断是大企业的"敌人"。这些人对反垄断的理解是不正确的。美国政府打算分解微软公司的原因不是微软公司太大了，是因为微软公司利用它的垄断地位进行捆绑销售等行为。

其实，大多数反垄断都不反对由于正当原因产生的规模扩大。法律不能也不应该惩罚竞争中的优胜者。只是，如果规模大的企业用不正当的手段进行垄断行为的时候，反垄断组织就会用法律对它进行打击惩罚，阻止垄断的发生。

1. 反垄断 fǎnlǒngduàn 动 fight against monopoly
2. 手段 shǒuduàn 名 means
3. 破坏 pòhuài 动 destroy
4. 危害 wēihài 动 endanger, hurt, harm
5. 阻碍 zǔ'ài 动 obstruct, block
6. 积极 jījí 形 active, positive
7. 维护 wéihù 动 maintain
8. 壮大 zhuàngdà 形 growing in strength
9. 规模 guīmó 名 scale, scope
10. 捆绑 kǔnbǎng 动 bind
11. 惩罚 chéngfá 动 punish
12. 正当 zhèngdāng proper, right, legal, reasonable

专有名词 Proper Noun

微软公司 Wēiruǎn Gōngsī
Microsoft Corporation

根据短文回答问题 Answer the questions according to the passage.

1. 什么是反垄断？
2. 为什么要进行反垄断？
3. 反垄断就是反对大企业，这种看法对吗？为什么？

第五课 Lesson 5

GDP 和 GNP
GDP and GNP

学习目标 Learning objectives

1. 通过课文的学习，了解GDP与GNP的定义及基本关系
   - （1）了解GDP的定义及作用
   - （2）了解GNP的定义及作用
   - （3）了解GDP与GNP的基本关系
2. 掌握相关专业词汇
3. 掌握下列常用表达式
   - （1）……比……更……
   - （2）凡是……，都……

热身 Warming up

1. 为什么每年都要公布全世界各个国家的GDP和GNP？
2. GDP 和 GNP的基本关系是怎么样的？

略读 Skimming

读一读下面的课文，看下面的句子对不对，对的画√，错的画×

Read the text and decide whether the following sentences are true (√) or false (×).

1. GDP的意思是国民生产总值。　　　　　　　　　　　　（　　）
2. GDP可以衡量国家的经济发展情况。　　　　　　　　　（　　）
3. GNP可以计算不同时期不同地区的经济发展速度。　　（　　）
4. GDP比GNP更能反映一个国家真实的经济状况。　　　（　　）

课文 Text

GDP 和 GNP

1　GDP（Gross Domestic Product）的意思是国内生产总值，它是指一定时期内(一个季度或一年)，一个国家（地区）在经济活动中所生产出的全部最终产品价值和劳动者创造的所有价值。GDP常用来衡量国家经济发展的情况。它不但可以反映一个国家的经济表现，也能反映国力与财富。

2　GNP（Gross National Product）的意思是国民生产总值，它指的是属于一个国家（地区）的所有常驻机构、单位在一定时期内(一个季度或一年)收入初次分配的最终成果。国民生产总值反映一个国家的经济水平，可以计算不同时期不同地区的经济发展速度。

3　GDP与GNP是经济学中的一组概念，GNP比GDP更能反映一个国家真实的经济状况，因为GDP的计算是和一个国家的国土面积相关，而GNP要与国民原则联系在一起。按照这一原则，凡是本国国民（包

1. 时期	shíqī	名	period
2. 季度	jìdù	名	quarter of a year
3. 地区	dìqū	名	district, region
4. 活动	huódòng	名	activity
5. 创造	chuàngzào	动	create, produce
6. 衡量	héngliáng	动	weight, measure, judge
7. 反映	fǎnyìng	动	reflect
8. 国力	guólì	名	national power
9. 财富	cáifù	名	wealth, riches
10. 常驻	cháng zhù		resident, permanent
11. 机构	jīgòu	名	institution, organization
12. 分配	fēnpèi	动	assign, allocate
13. 计算	jìsuàn	动	count, calculate
14. 不同	bùtóng	形	different, not alike
15. 速度	sùdù	名	speed, rate, velocity
16. 组	zǔ	量	set, series
17. 概念	gàiniàn	名	concept, conception
18. 状况	zhuàngkuàng	名	situation, state
19. 国土	guótǔ	名	territory, land
20. 面积	miànjī	名	area

括本国公民以及常驻外国但未加入外国国籍的居民）所创造的收入，都要被计入本国的GNP。

21.	原则	yuánzé	名	principle
22.	联系	liánxì	动	combine, integrate
23.	公民	gōngmín	名	citizen
24.	国籍	guójí	名	nationality

学习普通词语　Learning common words

一　读词语，写拼音，连英文

Read the following words, write down their *pinyin* and then match them with their English meanings.

活动	huódòng	area
创造	_____	principle
反映	_____	situation, state
表现	_____	create, produce
速度	_____	speed, rate, velocity
分配	_____	performance
状况	_____	activity
面积	_____	assign, allocate
原则	_____	combine, integrate
联系	_____	reflect

二　词语扩展　Word expansion

1. 活动　　活动时间　　体育活动　　活动一会儿
2. 不同　　不同国家　　表现不同　　和……不同
3. 创造　　创造价值　　创造历史　　创造者
4. 速度　　发展速度　　提高速度　　速度很快

5. 反映	反映状况	反映意见	正确反映
6. 状况	收入状况	健康状况	经济状况
7. 面积	建筑面积	居住面积	土地面积
8. 原则	原则问题	基本原则	一条原则
9. 联系	保持联系	经常联系	联系朋友

三 选词填空 Fill in the blanks with the given words.

> 活动　状况　不同　创造　速度　反映　面积　联系

1. 质量好、价格低的商品受到（　　）层次消费者的普遍欢迎。
2. 最近这几年，中国各个方面的发展（　　）都很快。
3. 由于人口的增加，城市中的绿地（　　）越来越少。
4. 今天的新闻中报道了三月份世界经济的整体（　　）。
5. 生产率提高了，单位时间内所（　　）的社会价值也就提高了。
6. GDP是与所谓国土原则（　　）在一起的。
7. 在经济（　　）中要遵循各种经济规律。
8. 商品价格的上涨或下跌（　　）了该种商品在市场上供求情况的变化。

学习常用表达式
Learning useful expressions

一 ……比……更……

1. 根据提示和示例，体会"……比……更……"在什么情况下使用
   Learn the usage of "……比……更……" with the help of the hints and examples.

   （1）提示：这件白色的衣服很漂亮；那件蓝色的衣服更漂亮。

   示例：那件蓝色的衣服**比**这件白色的衣服**更**漂亮。

   （2）提示：中国西部的经济发展比较快；中国东部的经济发展非常快。

   示例：中国东部的经济发展**比**西部**更**快。

2. 用下面的词语组成正确的句子

   Combine the following words and phrases into sentences.

   （1）使用　消费　信用卡　方便　时　更　比　现金

   _____

   （2）更　大企业　比　控制　小企业　容易　商品的价格

   _____

   （3）更　供求状况　比　对　劳动生产率　的影响　大　商品价格

   _____

3. 用"……比……更……"改写下面的句子

   Rewrite the sentences with "……比……更……" based on the hints.

   （1）人们的收入提高了一点儿，物价提高了很多。

   _____。

   （2）去国外旅游很贵，但是有的国内旅游的线路更贵。

   _____。

   （3）劳动生产率低的时候，商品的价格高；生产率提高了，商品的价格降低了。

   _____。

■ 凡是……，都……

1. 根据提示和示例，体会"凡是……，都……"在什么情况下使用

   Learn the usage of "凡是……，都……" with the help of the hints and examples.

   （1）提示：只要努力学习，汉语水平就会很高。

   　　示例：凡是努力学习的学生，汉语水平都很高。

   （2）提示：只要是对保护环境有效的方法，我们就会采用。

   　　示例：凡是可以保护环境的方法，我们都会采用。

2. 用"凡是……，都……"将上下两部分连接成一个句子

   Combine the two parts in each group into a sentence with "凡是……，都……".

   （1）① 可以练习汉语的机会
   ② 十分珍惜

   _____。

   （2）① 中国有名的风景名胜
   ② 他去过

   _____。

   （3）① 不符合经济规律的活动
   ② 会失败

   _____。

3. 用"凡是……，都……"改写下面的句子

   Rewrite the sentences with "凡是……，都……".

   （1）在一个国家领土上生产出来的所有价值都属于这个国家的GDP收入。

   _____。

   （2）只要是一个国家的公民（不管他在国内还是国外）所创造的收入，都要被计入本国的GNP。

   _____。

   （3）市场竞争中，有的企业在产品的质量或价格方面没有优势，不能受到消费者的欢迎，最终就会被淘汰。

   _____。

学习专业词语 Learning specialized terms

一 读一读，写拼音，连英文

Read the following words and expressions, write down their *pinyin* and then match them with their English meanings.

国内生产总值	guónèi shēngchǎn zǒngzhí	national power
季度	_____	quarter of a year
国力	_____	Gross National Product
财富	_____	wealth, riches
国民生产总值	_____	count, calculate
计算	_____	Gross Domestic Product
常驻	_____	organization, institution
机构	_____	resident, permanent

二 词语扩展　Word expansion

例如：产品（社会产品）（农业产品）

1. 季度（　　　）（　　　）　2. 计算（　　　）（　　　）
3. 价值（　　　）（　　　）

三 把下面的专业词语和它的意思连接起来

Match the following terms with their meanings.

国力　　　国家在政治、经济、军事、科技等方面的实力

常驻　　　机关、团体等工作单位

机构　　　经常或长期停留在一个地方

四 选词填空　Fill in the blanks with the given words.

> 季度　　计算　　机构　　国力　　财富　　国籍

1. 近几年随着中国经济、科技的快速发展，中国的（　　　）越来越强大。
2. 安娜的丈夫是美国人，她现在和丈夫居住在美国，她已经加入了美国（　　　）。
3. 我们每个月都要（　　　）自己收入多少，支出多少。

4. 社会拥有的（　　）越多，对各项事业的投入也可以更多。

5. 一年有十二个月，每三个月是一个（　　）。

6. 很多留学生利用空闲时间在一些语言培训（　　）当外语老师。

五 参考英语翻译，用汉语解释下列专业词语

Explain the terms in Chinese with the help of their English translations.

1. 生产关系　shēngchǎn guānxì　production relations

   _____。

2. 宏观调控　hóngguān tiáokòng　macro control

   _____。

3. 国民经济　guómín jīngjì　national economy

   _____。

学习课文　Learning the text

一 朗读课文第1、2段，做下面的练习

Read Paragraphs 1 and 2 of the text and do the exercises.

1. 根据课文内容，将两组中相关的词语连线

   Match the two groups of words according to the text.

	国内生产总值
GDP	国民生产总值
	在本国的外国公司所取得的利润
	在外国的本国人或本国公司所创造的价值
GNP	本国公司在外国的分公司所创造的所有价值
	本国领土上所产生的所有价值和利润

2. 回答问题　Answer the questions.

   （1）GDP的全称是什么？它包括哪些内容？

（2）GNP的全称是什么？它包括哪些内容？

朗读课文第3段，回答下面的问题 Read Paragraph 3 and answer the questions.

1. 本段的主要意思是什么？GDP与GNP最根本的区别是什么？

2. 你觉得GDP与GNP哪一个更适合用来衡量一个国家的经济水平？为什么？

根据课文，做下面的练习 Do the following exercises according to the text.

1. 根据课文内容填空，并复述第1段课文

　　Fill in the blanks and retell Paragraph 1 of the text.

　　GDP（Gross Domestic Product）的意思是（　　　　　），它是指一定（　　　　），一个国家（地区）在（　　　　）中所生产出的全部（　　　　）和劳动者创造的所有价值。

2. 根据课文内容填空，并复述第2段课文

　　Fill in the blanks and retell Paragraph 2 of the text.

　　GNP（Gross National Product）的意思是（　　　　），它指的是一个国家（地区）所有（　　　　）在一定时期内(一个季度或一年)收入（　　　　）的最终成果。国民生产总值反映（　　　　），可以计算不同时期不同地区的（　　　　）。

3. 根据课文内容填空，并复述第3段课文

　　Fill in the blanks and retell Paragraph 3 of the text.

　　GDP与GNP是经济学中的一组概念，（　　　　）比（　　　　）更能反映一个国家真实的经济状况，因为GDP的计算是和（　　　　）相关，而GNP要与（　　　　）联系在一起，按照这一原则，凡是（　　　　）所创造的收入，都要被计入GNP。

阅读与讨论　Reading and discussion

以下是2008~2010年世界各国GDP前10位的排名。这些数据来自《世界概况》（The World Factbook），由美国中央情报局（CIA）出版。

2008~2010年世界各国GDP前10位排名（单位：万亿美元）

2008年			
1. 美 国	14.33	6. 英 国	2.787
2. 日 本	4.844	7. 意大利	2.399
3. 中 国	4.222	8. 俄罗斯	1.757
4. 德 国	3.81	9. 西班牙	1.683
5. 法 国	2.978	10. 巴 西	1.665

2009年			
1. 美 国	14.8	6. 意大利	2.2
2. 中 国	5.2	7. 英 国	2
3. 日 本	5	8. 加拿大	1.5
4. 德 国	3.5	9. 西班牙	1.4
5. 法 国	2.5	10. 印 度	1.3

2010年			
1. 美 国	14.6	6. 英 国	2.26
2. 中 国	5.75	7. 意大利	2.04
3. 日 本	5.39	8. 巴 西	2.02
4. 德 国	3.31	9. 加拿大	1.56
5. 法 国	2.56	10. 俄罗斯	1.48

日前，公布的2010年世界各国的GDP数据中，中国是5.75万亿美元，日本为5.39万亿美元。日本的经济增长率约为2.8%，中国在10%左右，中国超越日本列入世界排名第二大国。

——《每日经济新闻》

第五课　GDP 和 GNP

一　阅读短文，思考并回答下面的问题

Read the passage, think about the following questions and answer them.

1. 请说说2008~2010年世界各国GDP前10名数据有什么变化？
2. 你觉得这些数据的变化表明了什么？

二　讨论与表达　Discussion and expression

1. 小组讨论　Group discussion

    （1）看了这条消息，你有什么想法？

    （2）你觉得GDP与一个国家的国力有什么关系？

2. 根据下面的提示词语，说一说你们小组对以上问题的看法

Present your group's viewpoint on the questions above using the following words and expressions.

提示词语：经济发展　财富　……比……更……　社会
　　　　　凡是……，都……　国力　提高　生活

扩展阅读　Extensive reading

（一）绿色GDP

GDP是目前世界通行的国民经济核算体系。它的发明与产生很不容易，是三百多年来许多专家共同努力的结果。之前大家了解的GDP，只反映了一个国家（地区）经济发展最表面的数字变化，却没有反映出经济发展对资源、环境的影响，有时，那些本来是经济价值的巨大"损失"的部分，却以经济增长形式体现在GDP中。

环境和生态是一个国家综合经济的一部分，现行国民经济核算体系由于不包括环境和生态等方面，因而不能全面反映国家（地区）的真实经济情况。上世纪五十年代，一些经济学家提出了

1. 核算　hésuàn　动　compute, calculate
2. 体系　tǐxì　名　system
3. 资源　zīyuán　名　resource
4. 巨大　jùdà　形　huge, tremendous
5. 损失　sǔnshī　名　loss

绿色GDP的概念，从那时起全世界在关注经济增长的同时，也去关注环境的保护。绿色GDP是对GDP的一种调整，简单地讲，就是排除经济活动中投入资源和环境成本后的国内生产总值。人类经济的发展、社会的进步，不仅需要GDP的增长，还需要自然、环境相互适应程度的提高。绿色GDP占GDP的比重越高，表明国民经济增长的正面效应越高，负面效应越低。

绿色GDP给了我们一个美好的开始。现在我们要做的，是把绿色GDP从概念转变为行动。

6. 调整	tiáozhěng	动
	adjust, regulate	
7. 成本	chéngběn	名
	cost	
8. 程度	chéngdù	名
	degree, level	

根据短文回答问题 Answer the questions according to the passage.

1. 一般人了解的GDP有何特征？
2. 为什么要提出绿色GDP的概念？
3. 绿色GDP更关注什么？
4. 什么是绿色GDP？

（二）

材料一：

2010年4月，越来越多的国际会议开始关注地球"健康"，发展绿色经济。"地球一小时"吸引越来越多的世界城市参与其中，4月22日，第41个"世界地球日"的到来，又一次唤起了人们保护地球的意识，因为我们只有一个地球。

材料二：

科学家研究发现，近200年来空气中的二氧化碳含量已经上升了30%，各类极端气候都与此有关。于是，人们开始提倡"低碳经济（low-carbon economy）、低碳生活（low-carbon life）"。

■ **根据上面的材料回答问题**

Answer the questions according to the materials above.

1. 你认为"地球一小时"活动的意义是什么?
2. 你们国家的哪些城市参与了"地球一小时"活动?请你调查一下儿。
3. 你的生活"低碳"吗?请举例说说。

第六课 成本与利润

Lesson 6 — Cost and Profit

学习目标 Learning objectives

1. 通过课文的学习，了解成本与利润的基本关系
   - （1）了解商品价格的构成
   - （2）了解商品的成本从哪些环节产生
   - （3）了解成本和利润的关系

2. 掌握相关专业词汇

3. 掌握下列常用表达式
   - （1）……并（不是/没有）……
   - （2）反而

热身 Warming up

1. 如果你是一家家具工厂的老板，你们工厂生产一张床的主要费用包括：

木头	200元
工人工资	100元
运输	50元

   那么这样一张床你打算卖多少钱？

2. 某品牌笔记本电脑2009年刚上市时售价为7800元，一年后价格变为4800元。同样型号的电脑，为什么价格会越来越便宜？

略读 Skimming

读一读下面的课文，看下面的句子对不对，对的画√，错的画×
Read the text and decide whether the following sentences are true (√) or false (×).

1. 成本就是生产产品的费用。　　　　　　（　　）
2. 利润等于收益减去成本。　　　　　　　（　　）
3. 产量越大，边际成本越低。　　　　　　（　　）
4. 成本越高，价格越高。　　　　　　　　（　　）

课文 Text

成本与利润

1　　一件产品在销售的时候，企业会给它定一个价格。这个价格不是企业随便定的，而是他们计算成本和利润以后得到的。

2　　成本是生产和销售一种产品需要的全部费用。利润是总收益减去成本的余额。当总收益高于总成本时，企业获得利润；当总收益低于总成本时，企业就会亏损。在消费者买到产品前，很多环节都会产生成本，比如购买原料的费用，生产需要的水费、电费，运输时产生的费用，支付给工人的工资，宣传产品所花费的广告费用以及为贷款支

1. 成本	chéngběn	名	cost
2. 利润	lìrùn	名	profit
3. 费用	fèiyong	名	expenses, cost
4. 收益	shōuyì	名	income, gain
5. 减	jiǎn	动	subtract, reduce
6. 余额	yú'é	名	remaining sum, balance
7. 亏损	kuīsǔn	动	loss, deficit
8. 环节	huánjié	名	link
9. 原料	yuánliào	名	raw material
10. 运输	yùnshū	动	transport
11. 宣传	xuānchuán	动	propagate, publicize
12. 贷款	dàikuǎn	名	loan, credit

付的利息等，另外，还包括厂房、机器的折旧费等。

3　　成本还和产量有关系。比如只生产一辆汽车，成本是巨大的，但生产一万辆汽车，平均下来，成本就低得多了。这种每增加一单位的产量而使总成本增加的量就叫做边际成本。但并不是产量越大，边际成本越低。为了增加产量，企业要增加投入，当产量增加到一定数量时，边际成本反而会升高。

4　　一般来说，成本越高，价格越高。可是企业为了使自己的产品有竞争力，价格不能定得太高。这个时候，为了获得更多的利润，企业就要想办法降低成本，这就是成本控制。处理好成本和利润的关系，企业才可以更好地发展。

---

13. 利息　　lìxī　　名　interest
14. 折旧　　zhéjiù　　动　depreciate
15. 产量　　chǎnliàng　名　output

16. 总　　　zǒng　　形　general, total
17. 边际成本　biānjì chéngběn
　　　　　　　　marginal cost
18. 投入　　tóurù　　名　input
19. 反而　　fǎn'ér　　副　instead, on the contrary
20. 升高　　shēnggāo　动　go up, ascend, raise
21. 一般来说　yìbān lái shuō　generally speaking

22. 处理　　chǔlǐ　　动　deal with, handle

学习普通词语　Learning common words

一　读词语，写拼音，连英文

Read the following words and expressions, write down their *pinyin* and then match them with their English meanings.

费用	fèiyòng	transport
减	_____	expenses, cost
运输	_____	subtract, reduce
宣传	_____	propagate, publicize

总	_____	generally speaking
投入	_____	go up, ascend, raise
反而	_____	instead, on the contrary
升高	_____	input
一般来说	_____	general, total

二 词语扩展 Word expansion

1. 费用　　学习费用　　生活费用　　基本费用
2. 减　　　减压　　　　减肥　　　　减掉
3. 运输　　长途运输　　交通运输　　运输量
4. 宣传　　广告宣传　　宣传方式　　宣传效果
5. 总　　　总收入　　　总公司　　　总成本
6. 投入　　资金投入　　教育投入　　投入资金
7. 升高　　温度升高　　可能性升高　发病率升高

三 选词填空 Fill in the blanks with the given words or expressions.

> 升高　降低　费用　宣传　投入　一般来说　总　减

1. 为了开发这个新产品，公司（　　　）了大量的人员和资金。
2. 本市今后三天气温将连续（　　　），最高可达到28度。
3. 很多公司在电视上做广告，来（　　　）他们的产品。
4. 这家公司的（　　　）部设在日本。
5. 要严格控制企业管理（　　　）的增长。
6. （　　　），收入高，消费就高，收入低，消费就低，收入和消费成正比。
7. 出生率（　　　）死亡率，就是人口自然增长率。
8. 新交通法实行以来，交通事故率明显（　　　）。

学习常用表达式
Learning useful expressions

一 ……并（不是/没有）……

1. 根据提示，体会"……并（不是/没有）……"在什么情况下使用
   Learn the usage of "……并（不是/没有）……" with the help of the hints and examples.

   （1）提示：天气预报说，今天会下雨。可是今天没下雨。
      示例：今天并没有下雨。

   （2）提示：企业一时的亏损没那么可怕，不会像有的人想的一样一亏损就倒闭的。
      示例：企业一时的亏损并没那么可怕。

2. 用下面的词语组成正确的句子
   Combine the following words and phrases into sentences.

   （1）一个人旅行　想象的　困难　没有　并　那么

   _____。

   （2）价格　并　新产品　高　不　的

   _____。

   （3）不是　越　大　企业　越　并　好

   _____。

   （4）发展经济　矛盾　保护文化　和　并不是　一对

   _____。

3. 用"并（不是/没有）"回答问题　Answer the questions with "并（不是/没有）".
   （1）在银行工作收入高不高？

   _____。

（2）这家公司是全世界最大的图书公司吗?

　　_____。

（3）听说儿童服装市场利润很高，是不是这样?

　　_____。

（4）最近的市场需求减少，价格下降了吗?

　　_____。

二 反而

1. 根据提示和示例，体会"反而"在什么情况下使用

   Learn the usage of "反而" with the help of the hints and examples.

   （1）提示：我帮了他很多忙，他没感谢我，竟然还骂我。

   　　示例：我帮了他很多忙，他**反而**还骂我。

   （2）提示：今年报名的人少了，但因为水平都很高，竞争却比以前还激烈了。

   　　示例：今年报名的人少了，竞争**反而**更激烈了。

2. 用"反而"完成下面的句子　Complete the sentences with "反而".

   （1）吃了药以后，他的病_____。

   （2）这次谈判他没抱什么希望，_____。

   （3）这次提价以后，销量没有下降，_____。

   （4）竞争不会阻碍企业发展，_____。

3. 用"反而"说两个句子　Make two sentences with "反而".

   （1）_____

   （2）_____

学习专业词语 Learning specialized terms

一 读词语，写拼音，连英文

Read the following words and phrases, write down their *pinyin* and then match them with their English meanings.

销售	xiāoshòu	enterprise
企业	_____	profit
成本	_____	cost
利润	_____	sell
收益	_____	loss, deficit
余额	_____	link
亏损	_____	income, gain
环节	_____	remaining sum, balance
原料	_____	depreciate
贷款	_____	interest
利息	_____	loan, credit
折旧	_____	raw material
边际成本	_____	marginal cost

二 词语扩展 Word expansion

例如：产品（社会产品）（农业产品）

1. 成本（   ）（   ）   2. 利息（   ）（   ）
3. 环节（   ）（   ）   4. 原料（   ）（   ）

三 把下面的专业词语和它的意思连接起来

Match the following terms with their meanings.

边际成本	企业支出超过收入
总收益	固定资产在使用过程中逐渐损失的价值
折旧	厂商销售一定数量的产品或劳务所获得的全部收入
亏损	每增加一个单位的产量而使总成本增加的量

四 **选词填空** Fill in the blanks with the given words.

> 成本　利润　余额　折旧　贷款　亏损

1. 生产（　　　）是生产过程中产生的费用。
2. 信用卡消费本质上是一种小额（　　　）。
3. 用户可以上网查询自己的账户（　　　）。
4. 2010年该公司经营不善，（　　　）达到2000万元。
5. 由于销量不断提升，今年的（　　　）预计会提高60%。
6. 新车的（　　　）率比较高，而二手车则低很多。

五 **参考英语翻译，用汉语解释下列专业词语**
Explain the terms in Chinese with the help of their English translations.

1. 盈利　yínglì　earnings, profit

　_____。

2. 支出　zhīchū　expense, expenditure

　_____。

3. 会计成本　kuàiji chéngběn　accounting cost

　_____。

4. 成本核算　chéngběn hésuàn　cost calculation, cost accounting

　_____。

5. 利润率　lìrùnlǜ　profit rate

　_____。

学习课文 Learning the text

一 朗读课文第1段和第2段,做下面的练习

Read Paragraphs 1 and 2 of the text and do the following exercises.

1. 判断下面的句子是对还是错,对的打√,错的打×

   Decide whether the following sentences are true (√) or false (×).

   (1) 成本是企业生产商品花的钱。 (　　)

   (2) 利润=总收益－成本 (　　)

   (3) 当总收益－成本＜0时,就发生了亏损。 (　　)

   (4) 利息不属于成本的一部分。 (　　)

2. 在属于产品成本的项目后打√　Which expenses below are part of cost?

   (1) 在电视台做广告的费用 (　　)

   (2) 购买生产设备的费用 (　　)

   (3) 租办公室、买电脑、桌椅等办公用品的费用 (　　)

   (4) 年底员工聚餐的费用 (　　)

   (5) 向政府交的营业税 (　　)

   (6) 超市的进场费 (　　)

   (7) 组织员工旅行的费用 (　　)

二 朗读课文第3段,完成下面的选择填空练习

Read Paragraph 3 and choose the correct answers.

1. 某工厂生产100个某种产品时,总成本为5000元。若生产101个时,其总成本为5040元,请问边际成本是多少元?(　　)

   A. 5040　　　B. 5000　　　C. 50　　　D. 40

2. 边际成本是如何变化的?(　　)

   A. 随着产量增加而升高

   B. 随着产量增加而降低

   C. 随着产量增加,先降低后升高

   D. 一直保持不变

三　朗读课文第4段，做下面的练习　Read Paragraph 4 and do the exercises.

1. 说一说企业为什么要降低成本？

2. 你认为下面这些降低成本的方法好不好？为什么？请说出理由

（1）节约办公用品

（2）降低工人工资

（3）不做广告

（4）定时检查机器设备，延长使用年限

（5）购买最便宜的原料

四　回忆课文，根据课文内容填空　Fill in the blanks according to the text.

1. 成本是生产和销售一种产品需要的全部（　　　）。利润是总收益减去成本的（　　　）。在消费者买到产品前，很多环节都会产生（　　　），比如购买原料的费用，生产需要的水费、电费，运输时产生的费用，支付给工人的工资，以及为贷款支付的（　　　）等。另外，还包括厂房、机器的（　　　）费等。

2. 成本还和产量有关系。比如只生产一辆汽车，成本是（　　　）的，但生产一万辆汽车，平均（　　　），成本就低得多了。这种（　　　）增加一（　　　）的产量（　　　）使（　　　）成本增加的量就叫做（　　　）成本。

五　完整阅读课文，完成下面的练习

Read the whole text and do the following exercises.

1. 概括段落大意　Summarize the general meaning of each paragraph.

段落	段落大意
第1段	
第2段	
第3段	
第4段	

2. 根据下面表格的提示，复述课文

Retell the text based on the hints in the table below.

段落	段落功能	句子连接方法	关键词语
第1段	说明	……不是……而是……	定价　成本　利润
第2段	定义	……是……	余额
第2段	说明	当……时，……就…… 比如……	收益　亏损　环节
第3段	观点	和……有关系 ……叫做……	边际成本　产量
第3段	说明	……并不是…… ……反而……	单位
第4段	观点	越……越…… 但是……	竞争力　定价
第4段	说明	……，才……	降低成本　成本控制

阅读与讨论 Reading and discussion

冬季是旅游业的淡季，位于天目湖旁的滨湖酒店也不例外，入住率常常低于10%。冬季的一天，一个旅行社的负责人找到滨湖酒店的王经理，提出按每个标准间30元包50个房间，时间为7天。会计告诉王经理，每个房间的成本最低为接近51元。王经理向对方提出把价格提高到51元，但对方不同意，结果这笔业务没有成功。

1. 淡季　dànjì　名　off season, slack season
2. 入住率　rùzhùlǜ　名　occupancy rate
3. 负责人　fùzérén　person in charge
4. 标准间　biāozhǔnjiān　名　standard room, twin room
5. 会计　kuàijì　名　accountant
6. 业务　yèwù　名　business, transaction

附：酒店房间成本表

贷款利息：	16.40元
折旧费：	17.30元
员工工资：	6元
客人免费早餐：	6元
水电费：	5元
合计：	50.70元

专有名词　Proper Nouns
1. 天目湖　Tiānmù Hú　Tianmu Lake
2. 滨湖酒店　Bīnhú Jiǔdiàn　Lakeside Hotel

■ 阅读短文，思考并回答下面的问题

Read the passage, think about the following questions and answer them.

1. 如果你是这家酒店的经理，你会不会接受这笔业务呢？
2. 如果你接受，请说出原因。

扩展阅读　Extensive reading

餐饮业为什么越来越难做

前几年许多人看到做餐饮投资少风险小的特点，纷纷入行，尽管竞争激烈，但生意并不冷清。然而今年以来，很多餐饮业者发现，生意不那么好做了。很多小本经营的饭馆关门停业，甚至一些中高档的酒楼也出现了利润大幅下滑的情况。据调查，大多数餐饮企业的利润率已降到10%左右。那么，原因是什么呢？

今年以来，餐饮业最基本的原材料如米、面、油、猪肉、调味料、蔬菜的价格一路上涨，有的原材料上涨幅度甚至超过50%。另外，走在街上你就会发现，几乎

1. 餐饮　cānyǐn　名　catering
2. ~业　~yè　后缀　line of business, industry
3. 投资　tóuzī　名　investment
4. 风险　fēngxiǎn　名　risk, hazard
5. 冷清　lěngqing　形　slack, sluggish
6. ~档　~dàng　后缀　grade, level

每家餐厅饭店都在招聘,招工难已成为常态。据一位餐厅的老板介绍,这两年随着物价一步步上涨,员工的工资也跟着水涨船高,这将餐厅的运营成本进一步推高。除此之外,餐饮企业还面临着店面租金上涨这个问题。一年之间,餐馆的店面租金普遍上涨了近1/5。

为了守住被成本上涨不断挤压的利润空间,经营者们大多采用了上调菜价的方法,上调的幅度一般在10%~20%左右,调整之后的新菜单看起来可以为经营者增加营业额,但事实上,餐厅酒楼们却并未因此获得更多的利润。据一家餐馆老板介绍,尽管涨价,但利润仍然在缩水。因为微调菜价顾客还表示理解,但上调太多顾客就不再来了。而且肉菜涨价,有些顾客就不吃肉菜,只点素菜。餐馆对此也没办法。

7. 调味料 tiáowèiliào 名 seasoning, flavoring
8. 常态 chángtài 名 normality, ordinary state
9. 运营 yùnyíng 动 operate
10. 店面 diànmiàn 名 storefront, shopfront
11. 守 shǒu 动 guard, keep, defend
12. 调整 tiáozhěng 动 adjust, regulate, rectify
13. 上调 shàngtiáo 动 raise
14. 营业额 yíngyè'é 名 business volume, turnover
15. 缩水 suōshuǐ 动 shrink

一 阅读短文,回答问题 Read the passage and answer the questions.

1. 现在的餐饮业为什么生意不好做了?
2. 餐饮业者们采取了什么措施?效果如何?
3. 如果你是一家饭店的老板,你怎么处理这个问题?

二 讨论与表达 Discussion and expression

有人说,考察一个企业的经营理念有两个公式。公式一:价格=成本+利润;公式二:利润=价格−成本。这两个公式有什么不同?在企业经营方面有什么反映?

第七课
Lesson 7

经济危机与通货膨胀
Economic Crisis and Currency Inflation

学习目标 Learning objectives

1. 通过课文的学习，了解经济危机与通货膨胀两种社会现象
   - （1）了解什么是经济危机
   - （2）了解经济危机的社会影响
   - （3）了解通货膨胀的产生原因和严重后果
2. 掌握相关专业词汇
3. 掌握下列常用表达式
   - （1）……，长此以往，……
   - （2）……称之为……

热身 Warming up

1. 十年以前，十块钱可以买很多东西，可是现在的十块钱也许只能买一碗面条，你知道为什么吗？
2. 有的时候失业的人很少，有的时候失业的人很多，为什么？

略读 Skimming

读一读下面的课文，看下面的句子对不对，对的画√，错的画×

Read the text and decide whether the following sentences are true (√) or false (×).

1. 人们没有钱购买商品就会出现经济危机。　　　（　　）
2. 在经济危机的影响下很多人会失业。　　　　　（　　）
3. 如果发生了经济危机，政府多印点儿钱就行了。（　　）
4. 通货膨胀对国家的经济会产生不好的影响。　　（　　）

课文 Text

经济危机与通货膨胀

1　　生产者为了获得利润，会大量生产商品。如果大多数人没有钱购买，生产的商品卖不出去，就会造成生产的相对过剩，产生经济危机。

2　　经济危机时期，生产者由于卖不出去商品，就会减少生产；生产减少了，需要的工人也就减少了，越来越多的人会失业；长此以往，生产力会遭到严重破坏。政府为了经济的复苏，往往会刺激消费，扩大货币供给。如果发行的货币太多了，钱就会贬值，原来十元钱的东西，现在可能一百元也买不下来。人们把这种一段时间内商品的价格持续而普遍地上涨的现象称之为通货膨胀。

3　　当通货膨胀持续发生时，钱不值钱了，人们的生活水平就会下降，就会造成社会动荡。同时，通货膨胀也会降低本国商品的出口竞争能力，不利于国家经济的长期发展。

1. 获得	huòdé	动	obtain, gain
2. 大量	dàliàng	形	many, much
3. 相对	xiāngduì	形	relative
4. 过剩	guòshèng	动	excess
5. 失业	shīyè	动	lose job
6. 生产力	shēngchǎnlì	名	productivity
7. 遭到	zāodào	动	suffer
8. 严重	yánzhòng	形	serious
9. 复苏	fùsū	动	revive
10. 刺激	cìjī	动	stimulate
11. 贬值	biǎnzhí	动	devalue
12. 持续	chíxù	动	last, continue
13. 普遍	pǔbiàn	形	general
14. 动荡	dòngdàng	动	undulate

第七课　经济危机与通货膨胀

学习普通词语　Learning common words

一　读词语，写拼音，连英文

Read the following words, write down their *pinyin* and then match them with their English meanings.

获得	huòdé	relative
大量	___	obtain, gain
相对	___	many, much
遭到	___	last, continue
刺激	___	undulate
发行	___	compete
持续	___	suffer
动荡	___	general
普遍	___	stimulate
竞争	___	issue

二　词语扩展　Word expansion

1. 获得　　获得利润　　获得表扬　　获得成功
2. 大量　　大量生产　　大量人口　　大量书籍
3. 相对　　相对不错　　相对较低　　相对便宜
4. 遭到　　遭到批评　　遭到破坏　　遭到反对
5. 刺激　　刺激经济　　受到刺激　　刺激消费
6. 发行　　发行图书　　发行纸币　　发行邮票
7. 持续　　持续降低　　持续增长　　持续高温
8. 动荡　　社会动荡　　发生动荡　　持续动荡
9. 普遍　　普遍情况　　很普遍　　　普遍降低
10. 竞争　　商品竞争　　市场竞争　　人才竞争

二 选词填空 Fill in the blanks with the given words.

> 大量　相对　刺激　持续　竞争　发行　获得　遭到　动荡　普遍

1. 这家公司生产的汽车（　　　）了人们的批评。
2. 随着经济的发展，工厂需要（　　　）的工人。
3. 和美国相比，中国工人的工资（　　　）较低。
4. 如果钱（　　　）得太多了，钱就不值钱了。
5. 最近经济不太好，人们的收入（　　　）降低了。
6. 节日的时候，很多商场纷纷降价促销，（　　　）消费。
7. 很多中国公司在国外的市场（　　　）了成功。
8. 只有保护好环境，经济才能（　　　）地发展。
9. 只有提高产品质量，才能在市场（　　　）中获得胜利。
10. 如果石油市场发生（　　　），就会对世界经济产生很大的影响。

学习常用表达式
Learning useful expressions

一 ……，长此以往，……

1. 根据提示和示例，体会"……，长此以往，……"在什么情况下使用
   Learn the usage of "……，长此以往，……" with the help of the hints and examples.

   （1）提示：我们现在不保护环境，将来也不保护环境，一直这样，我们将失去我们共同的家园。

   示例：我们现在还不保护环境，**长此以往**，我们将失去我们共同的家园。

   （2）提示：今年发生了经济危机，明年还是经济危机，一直这样，生产力会遭到严重破坏。

   示例：如果经济危机持续发展，**长此以往**，生产力会遭到严重破坏。

2. 用"……，长此以往，……"完成下面的句子
   Complete the following sentences with "……，长此以往，……".
   （1）他上网经常一上就是一个晚上，_____，他的学习一定_____
   _____。
   （2）物价不断地上涨，_____，人们的生活水平_____
   _____。
   （3）经济不好，越来越多的人开始失业，_____，社会_____
   _____。
   （4）大量的产品卖不出去，_____，就会_____
   _____。

3. 用"……，长此以往，……"说两个句子
   Make two sentences with "……，长此以往，……".
   （1）_____
   （2）_____

二 ……称之为……

1. 根据提示和示例，体会"……称之为……"在什么情况下使用
   Learn the usage of "……称之为……" with the help of the hints and examples.
   （1）提示：大熊猫是我国的一级保护动物，特别珍稀，我们叫它"国宝"。
      示例：大熊猫是我国的一级保护动物，特别珍稀，我们**称之为**"国宝"。
   （2）提示：通货膨胀就是指一段时间内商品的价格持续而普遍地上涨这种现象。
      示例：这种一段时间内商品的价格持续而普遍地上涨的现象**称之为**通货膨胀。

2. 用"……称之为……"改写下面的句子
   Rewrite the following sentences with "……称之为……".
   （1）中国人常常把自己叫做龙的传人。
      _____。

（2）劳动生产率就是指在单位时间里生产的商品数量。

_____。

（3）成本是指生产和销售一种产品需要的全部费用。

_____。

（4）边际成本是指每增加一个单位的产量而使总成本增加的量。

_____。

（5）可支配收入就是指居民总收入中可以用来自由支配的收入。

_____。

学习专业词语　Learning specialized terms

一　读词语，写拼音，连英文

Read the following words and phrases, write down their *pinyin* and then match them with their English meanings.

生产者	shēngchǎnzhě	excess
利润	_____	lose job
过剩	_____	economic crisis
经济危机	_____	producer
失业	_____	profit
生产力	_____	money supply
复苏	_____	living standard
货币供给	_____	export
上涨	_____	go up, rise
生活水平	_____	currency inflation
出口	_____	productivity
通货膨胀	_____	revive

二　词语扩展　Word expansion

例如：产品（社会产品）（农业产品）

1. 过剩（　　　）（　　　　）　2. 上涨（　　　　）（　　　　）
3. 货币（　　　）（　　　　）　4. 生产（　　　　）（　　　　）

三　把下面的专业词语和它的意思连接起来

Match the following terms with their meanings.

生活水平　　达到就业年龄，具备工作能力，谋求工作但未得到就业机会的状态
生产者　　　人类改造自然的能力
失业　　　　向非本国居民提供它们所需的产品和服务
利润　　　　某一国或货币区的银行系统向经济体中投入货币的金融工作过程
生产力　　　居民用以满足物质、文化生活需要的社会产品和劳务的消费程度
出口　　　　企业销售产品的收入扣除成本价格和税以后的余额
货币供给　　能够作出统一的生产决策的单个经济单位，即企业或者厂商

四　选词填空　Fill in the blanks with the given words.

> 生产者　失业者　生产力　货币供给　生活水平　出口　复苏

1. 社会生产中最活跃、最革命的因素是（　　　　）。
2. （　　　　）过多容易引起通货膨胀。
3. 国家要想发展，必须首先提高人民的（　　　　）。
4. 要想使经济得到快速（　　　　），就要扩大国内市场。
5. 在美国，年满16岁没有正式工作或正在寻找工作的人都称为（　　　　）。
6. （　　　　）的目标是追求利润最大化。
7. 中国的迅速发展很大程度上依赖于对外（　　　　）。

五　参考英语翻译，用汉语解释下面的专业词语

Explain the terms in Chinese with the help of their English translations.

1. 通货紧缩　tōnghuò jǐnsuō　the opposite of inflation, deflation

_____。

2. 货币政策　huòbì zhèngcè　monetary policy

　　_____。

3. 膨胀缺口　péngzhàng quēkǒu　inflationary gap

　　_____。

4. 紧缩缺口　jǐnsuō quēkǒu　deflationary gap

　　_____。

5. 滞涨　zhìzhàng　stagflation

　　_____。

学习课文　Learning the text

一 朗读课文第1段，然后判断下面的句子对不对，对的画√，错的画×

Read Paragraph 1 of the text and decide whether the following sentences are true (√) or false (×).

1. 商品生产者生产大量产品是为了赚钱。　　　　　　　　　（　　）
2. 生产者生产的产品越多越好。　　　　　　　　　　　　　（　　）
3. 大量生产产品一定会引起经济危机。　　　　　　　　　　（　　）
4. 产生经济危机的原因是生产相对过剩。　　　　　　　　　（　　）

二 朗读课文第2段，完成下面的选择填空练习

Read Paragraph 2 and choose the correct answers to fill in the blanks.

1. 经济危机期间，生产者会（　　　）
　　A. 扩大生产　　　　　　B. 破坏生产力
　　C. 减少生产　　　　　　D. 提高价格

2. 为了让经济复苏，政府常常会（　　　）
　　A. 扩大货币供给　　　　B. 减少工作机会
　　C. 继续扩大生产　　　　D. 买更多商品

3. 如果货币发行得太多了，就会使（　　）
A. 收入增加　　　　　B. 经济复苏
C. 货币贬值　　　　　D. 消费扩大

三　朗读课文第3段，用提示词语回答下面的问题
Read Paragraph 3 and answer the question with the given words and expressions.
通货膨胀会引起什么后果？
提示词语：生活水平　降低　社会　动荡　降低　竞争力　不利于

四　回忆课文，根据课文内容填空　Fill in the blanks according to the text.
如果生产者大量生产商品，可是大多数人却没有钱购买，就会造成生产的（　　），从而产生经济危机。为了让经济复苏，政府往往会扩大（　　）。可是，如果发行的货币太多了，钱就会（　　），就会引起商品的价格持续而普遍地（　　），这就是通货膨胀。当通货膨胀持续发生时，人们的生活水平（　　），就会造成社会的（　　）。同时，通货膨胀也会（　　）本国商品的出口竞争能力，（　　）于国家经济的长期发展。

五　完整阅读课文，完成下面的练习
Read the whole text and do the following exercises.
1. 概括段落大意　Summarize the general meaning of each paragraph.

段落	段落大意
第1段	
第2段	
第3段	

2. 根据下面表格的提示，复述课文
Retell the text based on the hints in the table below.

段落	段落功能	句子连接方法	关键词语
第1段	引入话题	如果……，就……	大量　生产　购买　相对过剩　经济危机

第2段	说明	……，就…… 长此以往…… 为了……，…… ……就叫做……	减少生产　失业　生产力破坏 复苏　货币供给　贬值 上涨　通货膨胀
第3段	总结	……，就…… 同时	生活水平　社会动荡 商品竞争力　长期发展

阅读与讨论 Reading and discussion

经济危机来了

2008年，美国的两大借贷商房利美（Fannie Mae）和房地美（Freddie Mac）接连破产，引发了一场金融海啸。随着美国经济危机的加深，越来越多的国家受到了这次危机的影响。很多国家依赖于出口的中小企业现在不得不面对破产的危险，工人们在企业无力开工的情况下只能失业。全球经济的发展速度都受到了这次金融危机的影响。

1. 借贷　jièdài　名　lending and borrowing
2. 破产　pò chǎn　动　go bankrupt
3. 金融　jīnróng　名　finance
4. 海啸　hǎixiào　名　tsunami
5. 依赖　yīlài　动　rely on
6. 面对　miànduì　动　confront
7. 无力　wúlì　动　be unable, be incapable, be powerless

专有名词　Proper Nouns

1. 房利美　Fánglìměi　Fannie Mae
2. 房地美　Fángdìměi　Freddie Mac

一　阅读短文，思考并回答下面的问题

Read the passage, think about the following questions and answer them.

1. 为什么借贷公司的破产竟然引发了经济危机？
2. 美国的经济危机为什么影响到了其他国家？
3. 经济危机怎样影响到人们的日常生活？

二 讨论与表达 Discussion and expression

1. 小组讨论 Group discussion

  （1）失业率过高对一个国家来说有什么样的严重后果？

  （2）这次经济危机对你的国家有什么影响？

  （3）如果你是总统，你会采取什么样的措施预防经济危机？

2. 运用下面的提示词语，说一说你们小组对经济危机影响的看法

  Present your group's viewpoint on the effect of economic crisis using the following words and expressions.

  提示词语：减少生产　失业　生产力破坏　贬值

  　　　　　上涨　经济发展　生活水平　社会动荡

扩展阅读 Extensive reading

（一）1929年的美国经济危机

1929年，胡佛当上了美国的总统。他在竞选演说中对所有的美国人说："在我当总统期间，我要人人锅里有两只鸡，家家有两辆汽车。"但胡佛未能实现他的承诺。当年10月24日，一场经济危机风暴席卷美国。

从10月29日开始的一周内，美国人在股票交易所内失去的财富就达100亿美元。为了不降低产品的价格，那些资本家和大农场主大量扔掉"过剩"的产品，他们用农产品代替煤炭，把新鲜的牛奶倒进密西西比河，使这条河变成了"银河"。这场危机一直伴随着胡佛的四年任期，越到后期，情况越严重。在此期间，企业破产，银行关门，工厂停工，出现大规模的失业队伍，恐慌席卷美国。

美国经济大萧条三年后，失业人数有1500万，有200万人到处流浪，美国的经济几乎崩溃。

1. 股票交易所　gǔpiào jiāoyìsuǒ　stock exchange
2. 财富　cáifù　名　wealth
3. 资本家　zīběnjiā　名　capitalist
4. 大农场主　dà nóngchǎngzhǔ　名　latifundium
5. 代替　dàitì　动　replace
6. 大规模　dàguīmó　形　large-scale
7. 崩溃　bēngkuì　动　break down

根据短文回答问题 Answer the questions according to the passage.

1. 胡佛为什么永远也实现不了他的承诺？
2. 为什么资本家要扔掉"过剩"的产品？
3. 1929年的美国经济危机有什么样的严重后果？

（二）CNN盘点金融危机十大元凶，普通消费者居首

国际先驱导报特约撰稿于秋发自北京 当人们正在为席卷全球的金融风暴忧心忡忡时，美国有线电视新闻网（CNN）帮大家揪出了导致经济危机的元凶。该网站近日刊登了题为《金融危机罪魁祸首》的文章，点评人则是CNN著名的新闻主播安德森·库珀。

纵观安德森·库珀对"罪魁祸首"们的点评，基本上可概括为领取高薪、胡作非为、纵情市场、死不认错几点。出人意料的是，被列为十大罪魁之首的竟然是YOU——普通的美国消费者。的确，如果身为一位消费者，你奉行及时行乐，对消费的贷款失去节制，给个人和家庭带来高负债率，导致整个国家储蓄率过低——美联储今年4月份公布的资料，美国的信用卡欠账已经高达9517亿美元。那么，你不是金融危机的受害者，而是首要的元凶。

快速阅读新闻，完成下面的选择练习

Read the news quickly and choose the correct answers.

1. 安德森·库珀认为引发经济危机的"元凶"罪状有哪些？（　　）
   A. 领取高薪　　　B. 胡作非为　　　C. 纵情市场
   D. 死不认错　　　E. 以上全对

2. 他认为谁是首要的"元凶"？（　　）
   A. 美国消费者自己　　　　　　B. 金融公司
   C. 美国政府　　　　　　　　　D. 有线电视新闻网

第八课 经济全球化
Lesson 8 Economic Globalization

> **学习目标 Learning objectives**
>
> 1. 通过课文的学习，了解经济全球化的定义、内容及其影响
>   - （1）了解经济全球化的定义
>   - （2）了解经济全球化的具体内容
>   - （3）了解经济全球化对世界的影响
> 2. 掌握相关专业词汇
> 3. 掌握下列常用表达式
>   - （1）……，尤其……
>   - （2）一方面……，另一方面……

热身 Warming up

1. 想一想你使用的哪些东西是外国商品。
2. 现在中国有很多外国公司，你觉得在中国开什么样的公司最好？

略读 Skimming

读一读下面的课文，看下面的句子对不对，对的画√，错的画×

Read the text and decide whether the following sentences are true (√) or false (×).

1. 每一辆汽车都是很多国家一起生产的。　　　　　　（　　）
2. 经济全球化是从上个世纪90年代开始的。　　　　　（　　）
3. 经济全球化是一个很长的历史过程。　　　　　　　（　　）
4. 经济全球化对许多国家的经济都会产生影响。　　　（　　）

课文 Text

经济全球化

1　你买了一辆汽车，可能它的灯是美国生产的，它的玻璃是英国生产的，它的方向盘是日本生产的，这就是经济全球化的表现。

2　经济全球化的意思是随着生产、资本、技术、产品等在各国之间快速流动，世界各国的经济联系在不断加强，市场、技术、产品等越来越有全球特点。经济全球化的过程早就已经开始，尤其上个世纪80年代以后，特别是到了90年代，世界经济全球化的速度越来越快了。

3　经济全球化是一个历史过程。一方面，各国、各地区的经济相互影响、相互融合成统一整体，形成"全球统一市场"；另一方面，在世界范围内建立了全球合理公平的经济规则。因此，经济全球化是指生产要素在全球范围内自由流动和优化配置，各国、各地区相互融合成整体的历史过程。

4　经济全球化对每个国家来说，

1. 全球化	quánqiúhuà	动	globalize
2. 方向盘	fāngxiàngpán	名	steering wheel
3. 资本	zīběn	名	capital
4. 技术	jìshù	名	technology
5. 快速	kuàisù	形	fast, quick
6. 流动	liúdòng	动	flow
7. 加强	jiāqiáng	动	strengthen, enhance
8. 市场	shìchǎng	名	market
9. 过程	guòchéng	名	process
10. 融合	rónghé	动	mix together
11. 整体	zhěngtǐ	名	entirety
12. 范围	fànwéi	名	range, scope
13. 建立	jiànlì	动	build, set up
14. 公平	gōngpíng	形	fair
15. 生产要素	shēngchǎn yàosù		factor of production
16. 优化	yōuhuà	动	optimize
17. 配置	pèizhì	动	distribute, allocate

都有好有坏，既是机遇，也是挑战。经济全球化加快了世界经济增长，但也加剧了国际竞争。目前，经济全球化中最需要解决的问题是建立公平合理的新的经济规则，以保证各个国家能够公平竞争。

18. 机遇　jīyù　名　opportunity
19. 挑战　tiǎo zhàn　动　challenge
20. 增长　zēngzhǎng　动　grow
21. 加剧　jiājù　动　intensify

学习普通词语　Learning common words

一　读词语，写拼音，连英文

Read the following words, write down their *pinyin* and then match them with their English meanings.

词语	拼音	英文
方向盘	fāngxiàngpán	range, scope
快速	___	opportunity
流动	___	mix together
加强	___	intensify
过程	___	process
融合	___	flow
整体	___	challenge
范围	___	steering wheel
建立	___	build, set up
机遇	___	fast, quick
挑战	___	entirety
加剧	___	strengthen, enhance

二　词语扩展　Word expansion

1. 方向盘　汽车方向盘　把握方向盘　游戏方向盘
2. 快速　　快速减肥　　快速消费　　快速记忆

3. 流动	空气流动	停止流动	流动售货车
4. 加强	加强学习	加强管理	加强领导
5. 过程	生产过程	消费过程	享受过程
6. 融合	融合成一体	相互融合	文化融合
7. 整体	整体要求	整体计划	整体发展
8. 范围	经营范围	工作范围	活动范围
9. 建立	建立信心	建立友谊	建立关系
10. 机遇	抓住机遇	把握机遇	利用机遇
11. 挑战	面临挑战	接受挑战	挑战自己
12. 加剧	竞争加剧	矛盾加剧	病情加剧

二　选词填空　Fill in the blanks with the given words.

> 过程　快速　范围　建立　挑战　加剧　流动　融合

1. 今年洋葱丰收，最近大量洋葱同时上市，这（　　　）了洋葱的市场供需矛盾。
2. 这家公司最近几年发展迅猛，市场（　　　）也不断扩大。
3. 这个地区的繁荣和稳定主要是因为经济的（　　　）发展。
4. 现在国家之间的交往越来越多，各国文化也慢慢（　　　）在一起。
5. 新产品上市到被消费者接受，再到受到普遍欢迎，需要一个（　　　）。
6. 开拓一个新领域、新市场，对每个公司来说都是一个（　　　）。
7. 深圳是中国的经济特区之一，每年有很多外来人口来这里寻找工作机会，所以这个城市的人口（　　　）很大。
8. 经过多年的合作，这几家大公司（　　　）了互助合作的良好关系。

学习常用表达式
Learning useful expressions

一 ……，尤其……

1. 根据提示和示例，体会"……，尤其……"在什么情况下使用

   Learn the usage of "……，尤其……" with the help of the hints and examples.

   （1）提示：他喜欢做运动，最喜欢打篮球。

   示例：他喜欢做运动，**尤其**喜欢打篮球。

   （2）提示：动物园有很多可爱的动物，我觉得猴子最可爱。

   示例：动物园的很多动物都可爱，**尤其**是猴子。

2. 用"……，尤其……"改写下面的句子

   Rewrite the following sentences with "……，尤其……".

   （1）南京的四季我都很喜欢，我最喜欢的是秋季，风景美丽，瓜果飘香，气候宜人。

   _____

   （2）小王在学习、体育、音乐、画画儿方面都很有才能，要说最有才能的还是体育方面。

   _____

3. 用下面的词语组成正确的句子

   Combine the following words and phrases into sentences.

   （1）睡懒觉 在周末 尤其 时候 喜欢 的 他

   _____

   （2）减肥 尤其是 水果 都 很多 香蕉 能

   _____

4. 用"……，尤其……"说两个句子　Make two sentences with "……，尤其……".

（1）_____

（2）_____

一方面……，另一方面……

1. 根据提示和示例，体会"一方面……，另一方面……"在什么情况下使用
   Learn the usage of "一方面……，另一方面……" with the help of the hints and examples.

   （1）提示：这份工作我不想干了，一是因为工资不高，二是因为离家太远。

   　　示例：这份工作我不想干了，**一方面**因为工资不高，**另一方面**因为离家太远。

   （2）提示：他现在汉语说得很好，一是因为自己的努力，二是因为老师的帮助。

   　　示例：他现在汉语说得很好，**一方面**因为自己的努力，**另一方面**因为老师的帮助。

2. 用"一方面……，另一方面……"将上下两部分连接成正确的句子
   Combine the two parts in each group into a sentence with "一方面……，另一方面……".

   （1）① 我去上海是为了看一个老朋友
   　　② 也是为了能出去玩玩儿

   _____

   （2）① 他最近心情很差，因为他和同事的关系不好
   　　② 也因为他的钱包被偷了

   _____

   （3）① 要想在竞争中获胜，要提高劳动生产率
   　　② 还要保证产品的质量

   _____

（4）① 他的成功跟他的努力有关
② 同时也跟亲友的帮助分不开
_____

3. 用"一方面……，另一方面……"说两个句子
Make two sentences with "一方面……，另一方面……".

（1）_____

（2）_____

学习专业词语 Learning specialized terms

一 读词语，写拼音，连英文

Read the following words and phrases, write down their *pinyin* and then match them with their English meanings.

全球化	quánqiúhuà	market
资本	_____	product
技术	_____	reasonable
产品	_____	optimize distribution
市场	_____	globalize
合理	_____	growth
公平	_____	factor of production
生产要素	_____	technology
增长	_____	capital
优化配置	_____	fair

二 参照英语翻译，用汉语解释下列专业词语

Explain the terms in Chinese with the help of their English translations.

1. 投资   tóuzī   invest

_____。

2. 对外贸易　duìwài màoyì　foreign trade

_____。

3. 生产国际化　shēngchǎn guójìhuà　international production

_____。

4. 金融全球化　jīnróng quánqiúhuà　financial globalization

_____。

5. 贸易自由化　màoyì zìyóuhuà　trade liberalization

_____。

6. 科技全球化　kējì quánqiúhuà　technology globalization

_____。

三　**词语扩展**　Word expansion

例如：经济（市场经济）（计划经济）
1. 资本（　　　）（　　　）　2. 产品（　　　）（　　　）
3. 市场（　　　）（　　　）　4. 增长（　　　）（　　　）

四　**把下面的专业词语和它的意思连接起来**
Match the terms with their meanings.

资本流动　　　各国经济在高度发展的基础上融合成相互依存的统一市场
全球统一市场　进行物质生产所需要的人、物和各种环境条件
生产要素　　　大笔钱在国与国之间流动，以得到更多的钱
公平竞争　　　竞争者之间进行的公开、平等、公正的竞争

五　**选词填空**　Fill in the blanks with the given words.

| 资本　　产品　　全球化　　合理　　技术　　增长 |

1. 每个人都应该（　　　　）消费，要根据收入来消费，而不应该什么都买最贵的。
2. 如果（　　　　）有任何质量问题，你都可以拿过来换新的。
3. 世界各国之间的经济往来越来越密切，这加快了经济（　　　　）的发展速度。

4. 随着人口的不断（　　　），我们需要更多的粮食。

5. 公司的（　　　）越多，就会发展得越大，越好。

6. 现在的（　　　）真是越来越先进了，机器人都可以开火车了。

学习课文　Learning the text

一　朗读课文第1段，回答下面的问题

Read Paragraph 1 of the text and answer the questions.

1. 你身边的什么东西像第1段中的汽车一样，是经济全球化的表现？

2. 根据第1段课文，你认为全球化有什么特点？

二　朗读课文第2段，完成下面的选择填空练习

Read Paragraph 2 and choose the correct answers.

> A. 生产全球化　　B. 资本全球化　　C. 技术全球化　　D. 产品全球化

1. 波音747飞机有400万个零部件，由分布在65个国家1500个大企业和15，000多家中、小企业参加生产。　　　　　　　　　　　　　　　　　　　（　　　）

2. 现在，国际贸易的商品范围越来越大。在中国，我们可以轻松买到进口商品。比如，用CD香水，用SONY相机拍照片，看"日立"电视机，坐"奔驰"车。　　　　　　　　　　　　　　　　　　　　　　　　　　　　（　　　）

3. 从1991年到1993年，国际直接投资总量的增长速度相当于世界商品和进出口的两倍，1995年国际直接投资总存量达25000亿美元。与此同时，国际资本的输出和输入更加自由。　　　　　　　　　　　　　　　　　　　　（　　　）

4. 1990年，国际商业机器公司（IBM）和西门子公司结成了共同研究开发新产品的战略联盟，1992年初，日本东芝电气公司也加入这一联盟，三家联手开发256兆位超微芯片。　　　　　　　　　　　　　　　　　　　　（　　　）

三 回忆第2段课文，根据课文内容填空

Fill in the blanks according to Paragraph 2.

经济全球化的意思是随着生产资本、技术、（　　　　）等在各国之间的快速（　　　　），世界各国的（　　　　）联系在不断加强，市场、技术、产品等越来越有（　　　　）特点。

四 朗读课文第3段，完成下面的选择填空练习

Read Paragraph 3 and choose the correct answers.

经济全球化是一个历史过程，在这个过程中，完成了哪两个方面的工作？（　　　）
A. 建立全球统一市场　　　　　　　　B. 加快了垄断的步伐
C. 建立公平合理的经济规则　　　　　D. 促进了各国经济的独立发展

五 回忆第3段课文，根据课文内容填空

Fill in the blanks according to Paragraph 3.

经济全球化是一个历史过程。一方面，各国、各地区的（　　　　）相互影响、相互融合成统一整体，形成"全球统一（　　　　）"；另一方面，在世界范围内建立了全球合理、公平的经济（　　　　）。因此，经济全球化是指（　　　　）要素在全球范围内（　　　　）流动和（　　　　）配置，各国、各地区相互融合成整体的历史过程。

六 朗读课文第4段，然后判断下面的句子对不对，对的画√，错的画×

Read Paragraph 4 and decide whether the following sentences are true (√) or false (×).

1. 经济全球化对每个国家来说都只有好处，没有坏处。　　　　（　　）
2. 经济全球化不会加剧国际竞争。　　　　　　　　　　　　　（　　）
3. 经济全球化过程中，各国的竞争只会越来越公平合理。　　　（　　）

七 阅读课文，完成句子　Complete the sentences after reading the text.

1. 经济全球化就是 _____

_____。

2. 目前，经济全球化过程中最需要解决的问题是 _____

_____。

阅读与讨论 Reading and discussion

小张的外贸公司

小张几年前开了一家服装外贸公司，经常为欧洲和美国的客户生产各种衣服，公司的生意很不错。富起来后，小张的生活水平也提高了，假期周末经常去国内的大商场购买一些外国名牌，比如Gucci、Chanel等等。他也经常去欧洲、美国联系客户，寻找订单。小张经常在欧洲和美国的大商场和大超市买到"Made in China"的商品，很多中国的商品在外国也越来越受欢迎，小张也希望自己公司生产的服装能在国外成为知名品牌。

1. 客户	kèhù	名	customer
2. 订单	dìngdān	名	order for goods
3. 知名	zhīmíng	形	well-known

一、阅读短文，思考并回答下面的问题

Read the passage, think about the following questions and answer them.

1. 小张的公司是做什么的？
2. 现在小张的生活和以前有什么不一样？
3. 为什么小张经常去欧洲和美国？

二、讨论与表达 Discussion and expression

1. 小组讨论 Group discussion

（1）为什么小张在国内的商场就可以买到外国名牌？
（2）为什么外国商场里的中国商品越来越多？
（3）小张的理想是什么？你的理想呢？

2. 根据下面的提示词语，说一说你们小组关于经济全球化的看法

Present your group's viewpoint on economic globalization using the following words and expressions.

提示词语：经济全球化　外贸公司　名牌　越来越……
　　　　　既……也……　国际　一方面……另一方面……　市场

扩展阅读 Extensive reading

全球化的生活

在中国，经济发展越来越快，人们的生活也越来越好了。如果你不想每天都吃中国菜的话，你也可以去饭店吃日本、韩国、美国、意大利等各国美味的食物；如果你想买国外的商品，也非常方便，在商场里就可以买到，根本不需要出国了；如果你想看其他国家的电视节目，打开电视或者上网就可以看到。可能你现在正和其他国家的人一起吃着麦当劳，看着同样的节目。总之，我们的生活越来越全球化了。

经济的全球化给我们的生活带来了很多好处。你在家中通过电脑就可以轻松买到来自全球各地的股票、证券或者货币。如果你想喝一瓶美国的可口可乐，在楼下的超市就可以买到。现在在中国的外国公司和工厂也非常多，这可以增加国家的收入，还可以提供很多的工作机会。1892年成立于美国的可口可乐公司现在在中国就有很多家工厂，而且它在世界上的二百多个国家都有自己的工厂，所以我们和很多其他国家的人都在喝着同样的可口可乐。

中国目前也在积极向其他国家投资。向国外投资有利于促进中国商品与技术出口，有利于更好地利用国外资源，获得先进的技术和管理经验，还能促进中国经济各方面的成长。例如中国的联想电脑在全球许多国家都有出售，李宁的运动鞋也是国际上有名的品牌。

全球化的生活把世界各国人民都联系在一起，让世界变得越来越小，越来越像一个大家庭。

---

1. 股票 gǔpiào 名 stock
2. 证券 zhèngquàn 名 securities
3. 货币 huòbì 名 currency, money
4. 提供 tígōng 动 provide, supply
5. 出口 chūkǒu 动 export
6. 先进 xiānjìn 形 advanced
7. 管理经验 guǎnlǐ jīngyàn management experience
8. 品牌 pǐnpái 名 brand

根据短文回答问题　Answer the questions according to the passage.

1. 现在的生活和以前比有什么不一样?
2. 经济全球化有哪些好处?
3. 现在中国的外国公司为什么越来越多?
4. 中国为什么要向其他国家投资?

讨论　Discussion

1. 课文说我们的生活越来越全球化了,你还能找出哪些例子?
2. 你觉得对人们来说,生活越来越全球化,是好处多还是坏处多?为什么?
3. 谈一谈20年后我们的生活会是什么样。

第九课 宏观调控
Lesson 9　Macro-Adjustment and Control

学习目标　Learning objectives

1. 通过课文的学习，了解宏观调控对国民经济的保护作用
   - （1）了解国家宏观调控的原因
   - （2）了解宏观调控的内容
   - （3）了解宏观调控的方式

2. 掌握相关专业词汇

3. 掌握下列常用表达式
   - （1）在……下
   - （2）不是……，而是……

热身　Warming up

1. 新闻里总是说国家的宏观调控政策，那到底什么是宏观调控呢？
2. 为什么需要宏观调控？宏观调控又是怎样进行的呢？

略读　Skimming

读一读下面的课文，看下面的句子对不对，对的画√，错的画×

Read the text and decide whether the following sentences are true (√) or false (×).

1. 市场经济不需要宏观调控。　　　　　　　　　　（　　）
2. 宏观调控是对经济的完全控制。　　　　　　　　（　　）
3. 宏观调控就是国家对经济的管理。　　　　　　　（　　）

课文 Text

宏观调控

1　在市场经济中，商品和服务的供应及需求受到价值规律及自由市场机制的影响。市场有优势，也有缺陷。例如，市场不能自动地实现宏观经济总量的平衡；市场经济会引起通货膨胀，对社会资源及生产力都有严重的影响。所以，经济发展需要宏观调控，在国家对供应和需求的调节下，实现预期的经济发展目标。

2　宏观调控不是政府完全控制经济，而是政府对国民经济的总体管理，即在市场经济条件下，国家采取经济、法律、行政等各种手段对国民经济总量进行调节与控制，以保证国民经济的持续、快速、健康地发展。

3　宏观调控采取的手段通常有：经济手段，包括制定经济计划、财政政策、货币政策、收入政策、投资政策、价格政策等对市场进行调节；法律手段，指运用经济法规对经济进行调节；行政手段，指国家

---

1. 宏观调控　hóngguān tiáokòng　macro-control
2. 机制　jīzhì　名　mechanism
3. 缺陷　quēxiàn　名　defect
4. 自动　zìdòng　副　spontaneously
5. 宏观经济　hóngguān jīngjì　macro-economy
6. 总量　zǒngliàng　名　aggregate
7. 平衡　pínghéng　形　balanced
8. 调节　tiáojié　动　adjust
9. 目标　mùbiāo　名　goal, aim
10. 控制　kòngzhì　动　control
11. 国民经济　guómín jīngjì　national economy
12. 采取　cǎiqǔ　动　adopt, take
13. 行政　xíngzhèng　名　administration
14. 制定　zhìdìng　动　work out, formulate
15. 财政　cáizhèng　名　fiscal
16. 政策　zhèngcè　名　policy
17. 运用　yùnyòng　动　apply
18. 法规　fǎguī　名　laws and regulations

通过行政部门，采取带强制性的行政命令、规定等措施，来调节和管理经济，例如利用卫生检疫、海关等部门禁止或限制某些商品的生产与流通。

19. 部门	bùmén	名	department
20. 命令	mìnglìng	名	order
21. 规定	guīdìng	名	stipulation
22. 检疫	jiǎnyì	动	quarantine
23. 海关	hǎiguān	名	customs
24. 禁止	jìnzhǐ	动	prohibit
25. 限制	xiànzhì	动	restrict
26. 流通	liútōng	动	circulate

学习普通词语 Learning common words

一 读词语，写拼音，连英文

Read the following words, write down their *pinyin* and then match them with their English meanings.

缺陷	quēxiàn	work out, formulate
平衡	___	defect
调节	___	goal, aim
目标	___	adjust
控制	___	balanced
采取	___	apply
制定	___	adopt, take
运用	___	restrict
禁止	___	control
限制	___	prohibit

二 词语扩展 Word expansion

1. 优势	经济优势	保持优势	利用优势
2. 缺陷	心理缺陷	性格缺陷	主要缺陷
3. 平衡	供应平衡	保持平衡	平衡收支
4. 调节	调节温度	调节心情	调节大小

5. 资源	自然资源	社会资源	利用资源
6. 目标	实现目标	人生目标	总目标
7. 控制	控制自由	控制价格	控制人数
8. 采取	采取措施	采取手段	采取方法
9. 持续	持续增长	持续发展	持续两个月
10. 制定	制定法律	制定政策	制定方针
11. 运用	运用知识	运用特点	运用技术
12. 禁止	禁止吸烟	禁止出入	禁止通行
13. 限制	限制自由	限制速度	限制范围

三 **选词填空** Fill in the blanks with the given words.

> 调节　限制　资源　禁止　制定　优势　目标　平衡

1. 这项活动（　　　）年龄、人数，想参加也不容易。
2. 他每到月末就要找朋友借钱，收入与支出严重地不（　　　）。
3. 现在的问题是法律还不完备，很多还没有（　　　）出来。
4. 我们大家都在努力奋斗，希望能实现自己的人生（　　　）。
5. 人类拥有的自然（　　　）十分有限，我们要节约，不要浪费。
6. 最近学习很累，我需要（　　　）一下心情，出去旅游。
7. 这条马路（　　　）左拐，你要注意点儿。
8. 每个人都有自己的（　　　），聪明的人懂得怎么去利用它。

学习常用表达式
Learning useful expressions

一 在……下

1. 根据提示和示例，体会"在……下"在什么情况下使用

   Learn the usage of "在……下" with the help of the hints and examples.

   （1）提示：同学们和老师帮助了我，所以我进步很大。

示例：在同学们和老师的帮助下，我进步很大。

（2）提示：政府调整了房地产价格，现在房地产市场很稳定。

示例：在政府房地产价格的调整下，现在房地产市场很稳定。

2. 用"在……下"改写下面的句子

Rewrite the following sentences with "在……下".

（1）因为受到其他农产品价格的影响，今年大蒜的价格上涨了很多。

_____

（2）由于地方政府的鼓励，本市的旅游市场发展得很快。

_____

（3）有关部门及时控制了这场危机，使它没有造成多大的损失。

_____

（4）由于其他产业的支持和配合，今年的工业总产值比去年翻了一番。

_____

3. 用"在……下"说两个句子

Make two sentences with "在……下".

（1）_____

（2）_____

不是……，而是……

1. 根据提示和示例，体会"不是……，而是……"在什么情况下使用

Learn the usage of "不是……，而是……" with the help of the hints and examples.

（1）提示：你以为张明是老师吗？不是，其实，他是学生。

示例：张明不是老师，而是学生。

（2）提示：你以为个别劳动时间决定了商品的价值吗？不是，是社会必要劳动时间决定了商品的价值。

示例：商品的价值不是由个别劳动时间决定的，而是由社会必要劳动时间决定的。

2. 用下面的词语组成正确的句子

   Combine the following words and phrases into sentences.

   （1）考试的时候 我 非常 不是 紧张 而是 不紧张

   _____

   （2）道歉 不是 应该 我 向他 而是 道歉 向我 应该 他

   _____

   （3）缺少的 不是 发现美的 美 生活中 眼睛 而是

   _____

   （4）不是因为 失败后 我生气 他失败了 而是因为 他 不继续努力

   _____

3. 用"不是……，而是……"将上下两部分连接成一个句子

   Combine the two parts in each group into a sentence with "不是……，而是……".

   （1）① 我讨厌打篮球
   　　② 我不会打篮球

   _____

   （2）① 他变矮了
   　　② 你长高了

   _____

   （3）① 我因为起晚了没来上课
   　　② 因为我生病了

   _____

   （4）① 商品卖不出去因为价格太高了
   　　② 因为供过于求了

   _____

学习专业词语 Learning specialized terms

一 读词语，写拼音，连英文

Read the following words and phrases, write down their *pinyin* and then match them with their English meanings.

宏观经济	hóngguān jīngjì	administrative means
市场机制	_____	macro-control
经济总量	_____	national economy
生产力	_____	macro-economy
宏观调控	_____	market mechanism
国民经济	_____	economic aggregate
行政手段	_____	circulate
财政政策	_____	investment policy
投资政策	_____	customs
卫生检疫	_____	health quarantine
海关	_____	productivity
流通	_____	fiscal policy

二 参照英语翻译，用汉语解释下列专业词语

Explain the terms in Chinese with the help of their English translations.

1. 经济杠杆　jīngjì gànggǎn　economic levers

　　_____

2. 货币政策　huòbì zhèngcè　monetary policy

　　_____

3. 财政政策　cáizhèng zhèngcè　fiscal policy

　　_____

4. 经济立法　jīngjì lìfǎ　economic legislation

　　_____

5. 中央银行　Zhōngyāng Yínháng　central bank

_____

6. 存款准备金率　cúnkuǎn zhǔnbèijīnlǜ　deposit-reserve ratio

_____

三　词语扩展　Word expansion

例如：产品（社会产品）（农业产品）

1. 总量（　　　）（　　　）　　2. 手段（　　　）（　　　）
3. 政策（　　　）（　　　）　　4. 流通（　　　）（　　　）

四　把下面的专业词语和它的意思连接起来
Match the terms with their meanings.

市场机制　　　人类运用各类专业科学工程技术，制造和创造物质文明和精神
　　　　　　　文明产品，满足人类自身生存和生活的能力

国民经济　　　通过市场竞争配置资源的方式，即资源在市场上通过自由竞争
　　　　　　　与自由交换来实现配置，也是价值规律的实现形式

生产力　　　　包括社会总需求和社会总供给两方面，就是全国的生产力总和

经济总量　　　一个现代国家各社会生产部门、流通部门和其他经济部门所构
　　　　　　　成的互相联系的总体

五　选词填空　Fill in the blanks with the given words.

　　　市场机制　　经济总量　　宏观调控　　政策　　投资　　国民经济

1. 宏观调控是对（　　　　　）总体上的调节与控制。
2. 如果不发挥（　　　　　）的积极作用，那么资源就不能得到合适的配置。
3. 控制物价是下半年国家（　　　　　）工作的最重要的任务。
4. 县政府打算（　　　　　）8000万元建一所新学校，以解决农民工子女的入学难问题。
5. 货币（　　　　　）对经济活动影响很大，可以稳定物价，也可以促进经济增长。
6. 中国人口占世界总人口的1/5，但（　　　　　）却只占世界的4%。

学习课文　Learning the text

一 朗读课文第1段，回答下面的问题

Read Paragraph 1 of the text and answer the questions.

1. 在市场经济中，供给与需求主要受到什么影响？
2. 市场机制有什么缺陷？
3. 为什么需要宏观调控？

二 朗读课文第2段，然后判断下面的句子对不对，对的画√，错的画×

Read Paragraph 2 and decide whether the following sentences are true (√) or false (×).

1. 采取宏观调控时，价值规律不再起作用。　　　　　　　（　　）
2. 宏观调控与市场机制不能同时存在。　　　　　　　　　（　　）
3. 宏观调控也可能对个别企业和某个地区的经济进行调节。（　　）

三 朗读课文第3段，判断下列行为运用的是哪种宏观调控手段

Read Paragraph 3 and decide which means of macro-control is used in each case.

> A. 经济手段　　B. 法律手段　　C. 行政手段

1. 河北省质量技术监督系统在2000年春节热销商品中查获假冒伪劣"五粮液"、"剑南春"酒、承德"露露"、"大白兔"奶糖等假冒伪劣商品，价值两百多万元。（　　）
2. 中国人民银行决定从2007年5月15日起，上调存款类金融机构人民币存款准备金率0.5个百分点。（　　）
3. 国家通过对固定资产投资项目的清理，2004年上半年，全社会固定资产投资增幅由一季度的43%回落到了28.6%。一些过热行业的投资增幅明显回落，前七个月，钢铁、铝业、水泥行业投资增幅比一季度分别回落了57.6个、39个和40.4个百分点。（　　）
4. 山西省为了保护环境，从2005年起关闭了很多污染严重的小煤矿。（　　）

第九课　宏观调控

四 回忆课文，根据课文内容填空　Fill in the blanks according to the text.

由于（　　　　）不能自动实现宏观经济总量的平衡，所以就需要（　　　　）。宏观调控是（　　　　）对国民经济的总体管理，利用（　　　　）、（　　　　）、行政等手段对（　　　　）进行调节和控制。

五 阅读课文，概括段落大意　Summarize the general meaning of each paragraph.

段落	段落大意
第1段	
第2段	
第3段	

六 根据下面表格的提示复述课文

Retell the text based on the hints in the table below.

段落	句子连接方法	关键词语
第1段	……有……，也有…… 例如，……	市场经济　缺陷　宏观调控　调节
第2段	不是……，而是…… ……，即…… ……，以……	宏观调控　总体管理　各种手段 国民经济总量
第3段	……包括…… ……，指……	经济手段　法律手段　行政手段

阅读与讨论　Reading and discussion

楼市调控

一段时期以来，国内部分地区房地产价格上涨过快，房价过快上涨的原因在于供不应求，供求存在很大矛盾。一方面，

1. 过快　guò kuài　too fast

房地产市场需求量大；另一方面，房地产市场的供给不足。国家有关部门主要运用了经济手段进行调控，比如限制银行贷款、提高首付比例、提高贷款利率等；又比如房屋买卖的税收，家里有两套以上房屋、买房要收税、新房在几年内买卖要收流转税等。同时有些地方还辅助使用了行政手段来进行调控，如南京2007年出台的"一房一价"政策规定，普通商品住房的净利润率为8%。近几个月来，宏观调控的作用开始显现，高涨的房价开始下降。专家预计，由于2010年新房开工量大增，未来几个月新楼盘将集中上市，同时开发商资金链越来越紧张，房价将呈降价趋势。

2. 首付　shǒufù　名　down payment

3. 流转税　liúzhuǎnshuì　名　turnover tax

4. 辅助　fǔzhù　动　assist

5. 净利润　jìnglìrùn　名　net margin

6. 呈　chéng　动　present (a certain appearance)

■ 阅读短文，思考并回答下面的问题

Read the passage, think about the following questions and answer them.

1. 中国国内房地产出现了什么现象？
2. 国家为什么要调控楼市？
3. 国家对楼市调控以后，发生了什么样的变化？

■ 讨论与表达　Discussion and expression

1. 小组讨论　Group discussion

（1）结合你的常识，说说你认为房价为什么上涨。

（2）如果你是买房者，你应该怎么做？

（3）举例谈谈宏观调控的手段有哪些。

2. 运用下面的提示词语，说一说你们小组关于国家宏观调控的看法

Present your group's viewpoint on the macro-control of the state using the following words and expressions.

提示词语：经济发展　开发商　在……下　供需不平衡　通货膨胀
　　　　　除了……之外，还……　宏观调控　不是……而是……
　　　　　国家政策

扩展阅读 Extensive reading

宏观调控与百姓生活

宏观调控使我国经济运行中一些不稳定、不健康因素受到控制，并取得了明显的成果。虽然宏观调控听起来抽象而枯燥，但宏观调控的政策确实给人民生活带来了很大的影响。

老董：把土地还给农民

种了一辈子水稻的老董第一次种起了花生。几年前，乡政府准备利用老董的土地建工业园。今年，安徽省有关部门按照国家宏观调控政策，把被占的土地又还给了老董。由于土地被破坏，失去了作为粮田的基本要求。于是，老董按照乡技术员的建议，在地里种上了抗干旱、对生长条件要求不高的花生。到了收获的季节，老董高兴地说："今年收成不错，去掉投入，还能有一万多块的收入。"

小张：事业在调控中发展

今年中央财政预算安排用于"三农"支出比去年增加了300亿元。全国有29个省对农民进行直接补贴，并且已有8个省份免征农业税。小张是一名菜农，种植和销售蔬菜。小张说，国家这次宏观调控对农业和粮食生产给予了重点支持。他表示，自己扩展事业空间的信心更加坚定，种植积极性也更高了。

李先生：住上了自己的新房

社会经济的快速发展，城市房价不断上涨，远远超过了普通居民的购买能力。李先生是普通工人，工资不高，和女朋友在一起五年了，一直没结婚，因为买不起房子。自从国家对房价进行宏观调控，专门针对普通老百姓建设了价格低廉的保障性住房（经济适用房），李先生终于买得起房子，搬进了新家。

1. 运行 yùnxíng 动 operate
2. 抗干旱 kàng gānhàn drought-resistant
3. 收成 shōucheng 名 harvest
4. 关注 guānzhù 动 pay close attention to, be deeply concerned
5. 预算 yùsuàn 名 budget
6. 支出 zhīchū 名 expense, expenditure
7. 补贴 bǔtiē 动 subsidize
8. 征税 zhēng shuì tax collection
9. 针对 zhēnduì 动 aim at

判断下面的句子对不对，对的画√，错的画×
Decide whether the following sentences are true (√) or false (×).
1. 宏观调控枯燥而抽象，对国民经济没有什么意义。（   ）
2. 宏观调控给百姓的生活带来很大影响。（   ）
3. 因为国家宏观调控政策，乡政府占了老董的土地。（   ）
4. 小张认为国家这次宏观调控对农业和粮食生产有很大帮助。（   ）
5. 由于国家宏观调控政策对农业的支持，小张对自己事业的发展越来越有信心。
（   ）
6. 国家调控了房价以后，李先生买不起房子。（   ）

根据短文回答问题 Answer the questions according to the passage.
1. 宏观调控对经济有什么作用？
2. 国家对农业有哪些宏观调控政策？
3. 小张为什么对自己的事业更有信心了？
4. 李先生为什么能住进新房子？

讨论 Discussion
1. 你能说说你对宏观调控的看法吗？
2. 你的生活受到了哪些宏观调控的影响？
3. 你觉得经济发展需要宏观调控吗？
4. 说说你所知道的宏观调控的事例。

第十课 恩格尔系数与消费结构
Lesson 10　Engel's Coefficient and Consumption Structure

> **学习目标　Learning objectives**
>
> 1. 通过课文的学习，了解以下基本经济概念
>   （1）恩格尔系数的含义
>   （2）消费结构的组成与分类
>   （3）恩格尔系数与消费结构的相互关系
> 2. 掌握相关专业词汇
> 3. 掌握下列常用表达式
>   （1）……，即……
>   （2）在……的情况下，……

热身　Warming up

统计一下自己半年来每个月大约花多少钱：

月份	食物	衣服	旅游	娱乐	总计
总计					

你每月在食品上的花费占你每月所有支出的比例是多少？

略读 Skimming

读一读课文，看下面的句子对不对，对的画√，错的画×

Read the text and decide whether the following sentences are true (√) or false (×).

1. 消费结构就是各项生活支出。　　　　　　　（　）
2. 人们的收入越多，食品消费就越多。　　　　（　）
3. 食品支出对消费结构影响很大。　　　　　　（　）
4. 恩格尔系数越大，生活越富裕。　　　　　　（　）

课文 Text

恩格尔系数与消费结构

1　　人们的日常消费包括吃、穿、住、用、行等各个方面，不同消费类型在消费总体中所占的比例也有不同，这就构成了消费结构。某一家庭或个人的消费结构如何，可以看其各消费项目，即各项生活支出的比重如何，具体包括食品、衣着、住房等物质消费及教育、信息、娱乐等较高层次的精神消费。

2　　19世纪的德国有一位叫恩格尔的统计学家，他长期研究家庭消费结构，发现消费结构的变化存在这样一个规律：一个家庭收入越少，家庭总支出中用来购买食物的支出

1. 消费结构　xiāofèi jiégòu　consumption structure
2. 消费类型　xiāofèi lèixíng　consumption types
3. 比例　bǐlì　名　proportion
4. 构成　gòuchéng　动　constitute, form, make up
5. 其　qí　代　his, her, its, their
6. 项　xiàng　量　item, term
7. 如何　rúhé　代　how
8. 物质消费　wùzhì xiāofèi　material consumption
9. 精神消费　jīngshén xiāofèi　spiritual consumption
10. 统计　tǒngjì　动　statistics
11. 规律　guīlǜ　名　law, regular pattern

所占的比例就越大；随着家庭收入的增加，这一比例则会下降。食品支出占家庭总支出的比重，就被称为恩格尔系数。

3　恩格尔系数与消费结构密切相关。恩格尔系数过大，食品支出过多，必然影响其他消费支出。只有在收入增加后，食物需求基本满足的情况下，消费的重心才可以向穿、用等其他方面转移，这时恩格尔系数就会减小，消费结构也会得到改善。

4　恩格尔系数可以用来衡量一个国家或地区的富裕程度。一个国家平均家庭恩格尔系数>60%为贫穷；50%~60%为温饱，40%~50%为小康，20%~40%为富裕，<20%为非常富裕。

12. 随着　suízhe　动　go along with
13. 密切　mìqiè　形　close, intimate
14. 过（于）　guò (yú)　副　too, unduly, excessively
15. 必然　bìrán　形　certain, inevitable
16. 基本　jīběn　副　basic, fundamental
17. 重心　zhòngxīn　名　core, heart, focus
18. 转移　zhuǎnyí　动　shift, transfer, divert
19. 减小　jiǎnxiǎo　动　reduce, decrease, lessen, cut down
20. 改善　gǎishàn　动　improve
21. 富裕　fùyù　形　wealthy, rich
22. 贫穷　pínqióng　形　poor, needy, impoverished
23. 温饱　wēnbǎo　名　having adequate food and clothing
24. 小康　xiǎokāng　形　fairly well-off

专有名词　Proper Nouns

1. 恩格尔系数　Ēn'gé'ěr Xìshù　Engel's Coefficient
2. 恩格尔　Ēn'gé'ěr　Engel

学习普通词语　Learning common words

一　读词语，写拼音，连英文

Read the following words, write down their *pinyin* and then match them with their English meanings.

比例　　＿＿bǐlì＿＿　　　　how

如何　　＿＿＿＿＿＿　　　proportion

项	_____	close, intimate
即	_____	certain, inevitable
随着	_____	core, heart, focus
密切	_____	shift, transfer, divert
必然	_____	go along with
基本	_____	basic, fundamental
重心	_____	reduce, decrease, lessen, cut down
转移	_____	improve
减小	_____	item, term
改善	_____	namely

二 词语扩展　Word expansion

1. 比例　　占……比例　　男女比例　　X和Y的比例
2. 密切　　联系密切　　关系密切　　十分密切
3. 必然　　必然发生　　必然趋势　　必然选择
4. 基本　　基本问题　　基本内容　　基本工资
5. 重心　　工作重心　　生活重心　　经济重心
6. 减小　　数量减小　　面积减小　　减小压力
7. 改善　　改善生活　　改善条件　　改善睡眠
8. 转移　　转移注意力　转移财产　　转移目标

三 选词填空　Fill in the blanks with the given words.

> 比例　改善　重心　必然　密切　基本

1. 政府需要大力（　　　）人民的生活。
2. 最近一段时间的工作（　　　）是准备下个月的全国会议。
3. 人们的消费能力（　　　）上能反映他们的收入水平。
4. 一种商品的供给与需求的（　　　）不均衡时就会引起价格的变化。
5. 在市场竞争的作用下，一些小企业（　　　）会被淘汰。
6. 收入和消费的关系非常（　　　）。

学习常用表达式
Learning useful expressions

一 ……，即……

1. 根据提示和示例，体会"……，即……"在什么情况下使用

   Learn the usage of "……，即……" with the help of the hints and examples.

   （1）提示：人们的物质消费，也就是食品、衣着等方面的消费水平提高了。

   示例：人们的物质消费，即食品、衣着等方面的消费水平提高了。

   （2）提示：免税商品的确定也有讲究，也就是应以与旅游相关的个人消费品为主，而不应包括大宗耐用消费品。

   示例：免税商品的确定也有讲究，即应以与旅游相关的个人消费品为主，而不应包括大宗耐用消费品。

2. 用下面的词语组成正确的句子

   Combine the following words and phrases into sentences.

   （1）不主动工作　也能　的　现金　得到

   被动收入即_____。

   （2）商品　生产　的　数量　单位时间　内

   劳动生产率即_____。

   （3）整个　政府　对　进行　国民经济　调节和控制

   宏观调控即_____。

3. 用"……，即……"改写下面的句子

   Rewrite the following sentences with "……，即……".

   （1）GDP的意思是国内生产总值，它是指一定时期内，一个国家（地区）在经济活动中所生产出的全部最终产品价值和劳动者创造的所有价值。

   _____

（2）利润是总收益减去总花费的余额。生产和销售一种产品所需要的总费用就是成本。

_____

（3）如果原来十元钱的东西，现在一百元也买不下来，也就是说钱不值钱了，这个时候就出现了通货膨胀，人们的生活水平就会受到很大的影响。

_____

■ 在……的情况下，……

1. 根据提示和示例，体会"在……的情况下，……"如何使用

Learn the usage of "在……的情况下，……" with the help of the hints and examples.

（1）提示：爸爸妈妈都不在家，因此，他请了很多同学来家里聚会。

示例：**在**爸爸妈妈都不在家**的情况下**，他请了很多同学来家里聚会。

（2）提示：如果收入一定，那么利率提高会促使人们减少当前消费，增加储蓄。

示例：**在**收入一定**的情况下**，利率提高会促使人们减少当前的消费，增加储蓄。

2. 用括号中的词语完成下面的句子

Complete the sentences using the words or expressions given in the brackets.

（1）在没有做准备的情况下，_____。（考试）

（2）在收入不变的情况下，_____。（消费）

（3）在世界各国经济联系不断加强的情况下，_____。
（经济全球化）

3. 根据提示词语，用"在……的情况下，……"造句

Make sentences with "在……的情况下，……" according to the hints.

（1）销量不断增加 → 利润提高

_____。

（2）商品的产量加大 → 商品的价格下跌

_____。

（3）一种商品的生产时间减少→商品的生产率提高→商品的价值降低

_____。

学习专业词语　Learning specialized terms

一 读词语，写拼音，连英文

Read the following words and phrases, write down their *pinyin* and then match them with their English meanings.

消费类型	xiāofèi lèixíng	outcome
消费总体	_____	statistics
消费结构	_____	having adequate food and clothing
支出	_____	material consumption
物质	_____	total consumption
物质消费	_____	fairly well-off
精神消费	_____	consumption types
统计	_____	spiritual consumption
恩格尔系数	_____	demand
需求	_____	material
温饱	_____	Engel's Coefficient
小康	_____	consumption structure

二 词语扩展　Word expansion

例如：结构（消费结构）（收入结构）

1. 支出（　　　）（　　　）　　2. 统计（　　　）（　　　）

3. 需求（　　　）（　　　）　　4. 物质（　　　）（　　　）

三 把下面的专业词语和它的意思连接起来
Match the following terms with their meanings.

消费结构　　　　　食品支出占家庭总支出的比重
精神消费　　　　　家庭经济状况在中等水平
物质消费　　　　　教育、娱乐等较高层次的消费
恩格尔系数　　　　不同种类的消费在消费总体中所占的比例
小康　　　　　　　衣食等维持生存的较低层次的消费

四 选词填空　Fill in the blanks with the given words or phrases.

> 支出　　统计　　物质　　消费类型　　温饱

1. 人们需要先解决（　　　　）问题，然后才能进行创造发明。
2. （　　　　）包括很多种，如食物、衣着、教育、医疗、旅游等。
3. 根据（　　　　），2009年中国人均国民收入为3500美元。
4. 现在的社会（　　　　）越来越丰富，人们的生活也越来越好。
5. 一个普通的三口之家平均每个月的（　　　　）在3000元左右。

五 参照英语翻译，用汉语解释下列专业词语
Explain the terms in Chinese with the help of their English translations.

1. 恩格尔定律　Ēngé'ěr Dìnglǜ　Engel's Law

2. 加权平均　jiāquán píngjūn　weighted average

3. 奢侈品　shēchǐpǐn　luxury

4. 必需品　bìxūpǐn　necessity

5. 均衡数量　jūnhéng shùliàng　equilibrium quantity

第十课 恩格尔系数与消费结构

6. 恩格尔曲线　Ēngé'ěr Qūxiàn　Engel Curve

7. 收入弹性　shōurù tánxìng　income elasticity

8. 价格体系　jiàgé tǐxì　price system

学习课文　Learning the text

一　朗读课文第1段，做下面的练习

Read Paragraph 1 of the text and do the following exercises.

1. 根据课文内容，将两组中相关的词语连线

   Match the two groups of words according to the text.

吃、穿、住、用	消费结构
食品、衣着、住房	消费类型
文化、娱乐、教育	物质消费
各项生活支出的比重	精神消费

2. 回答问题　Answer the questions.

   （1）消费类型可以分为哪两种？

   （2）消费结构是什么？

二　朗读课文第2、3段，做下面的练习

Read Paragraphs 2 and 3 and do the following exercises.

1. 关于恩格尔系数，下面哪一项是不正确的？（　　）

   About Engel's Coefficient, which one is not correct?

   A. 越大越好　　　　　　　　B. 与食品消费有关

   C. 影响着消费结构是否合理　　D. 是一个德国的经济学家提出来的

2. 运用所给的提示词语，说说恩格尔系数与消费结构的关系是怎样的？

Talk about the relationship between Engel's Coefficient and the consumption structure using the given words and expressions.

提示词语： 食品支出　其他消费　影响　收入增加　食物需求

　　　　　消费重心　恩格尔系数减小　改善

三　朗读课文第4段，做下面的练习

Read Paragraph 4 and do the following exercises.

1. 根据课文内容，将两组中相关的词语连线

Match the two groups of words according to the text.

恩格尔系数>60%　　　　　　　富裕

恩格尔系数50%~60%　　　　　小康

恩格尔系数40%~50%　　　　　非常富裕

恩格尔系数20%~40%　　　　　贫穷

恩格尔系数<20%　　　　　　　温饱

2. 根据上面的连线结果，计算一下你自己的恩格尔系数是多少，你的生活水平达到什么样的程度。

Calculate your Engel's Coefficient and see what kind of living standard you have reached based on the result of the above exercise.

四　表达练习　Expression practice

1. 阅读课文，填写关键词

Read the text and give the key words of each paragraph.

段落	关键词语
第1段	
第2段	
第3段	
第4段	

2. 速读课文，概括段落大意　Summarize the general meaning of each paragraph.

段落	段落大意
第1段	
第2段	
第3段	
第4段	

3. 根据下面表格的提示，复述课文

Retell the text based on the hints in the table below.

段落	段落功能	句子连接方法
第1段	概念介绍	……构成了……　……即……　……具体包括……
第2段	现象说明	……存在这样一个规律……
	概念介绍	随着……被称为……
第3段	观　点	与……相关
	说　明	……，必然…… 只有　在……的情况下，……
第4段	概念应用	可以用来……
	说　明	……为……　……为……

阅读与讨论　Reading and discussion

据调查，2008年，中国城乡家庭消费总支出从2006年的17388元升高到22555元，消费结构也进一步改善，作为家庭生活水平标志的恩格尔系数进一步降低。具体情况见下图：

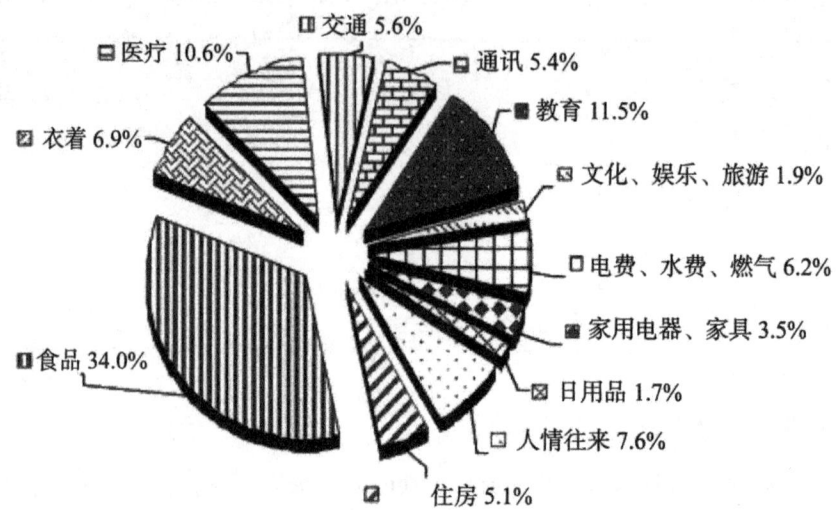

一 阅读短文，思考并回答下面的问题

Read the passage, think about the following questions and answer them.

1. 中国城乡家庭的消费结构是怎样的？
2. 列在前三位的消费类型是什么？分别占多少比例？
3. 反映中国城乡家庭生活水平的恩格尔系数是多少？

二 讨论与表达 Discussion and expression

1. 小组讨论 Group discussion

   （1）中国家庭消费的重心是什么？这说明了什么？

   （2）对照短文的消费结构图，说说你们国家普通家庭的消费结构如何？

2. 根据下面的提示词语，选择某一种消费类型，说一说你们小组的看法

   Choose one of the consumption types and present your group's viewpoint using the following words and expressions.

   提示词语：物质消费　精神消费　和……相关　随着……

   　　　　　收入　支出　增加　需求　满足

扩展阅读 Extensive reading

无锡的"富裕型"消费水平

新世纪的五年，是无锡经济快速增长的五年，是居民生活质量明显提高、消费结构极大改善的五年。衡量生活质量高低的国际性通用指标之一的恩格尔系数，五年间已降至37.5，达到了"富裕型"的消费水平。

一般来说，随着收入的增加，恩格尔系数趋向下降，居民生活水平相应提升。如果居民食品等方面的消费支出占整个生活消费支出的比例低于40%，则表明生活水平明显提高，开始达到中等收入国家的水平；如果达到30%~40%之间，则开始进入富裕行列。

民以食为天，食品消费是无锡居民家庭消费的重要组成部分，虽然近几年来稳步增长，但所占消费支出的比重却逐年下降。抽样调查资料表明，食品消费由2000年的人均2920元增长到2005年的4095元，增长了40.2%，而恩格尔系数则由2000年的41.9下降到2005年的37.5，下降了4.4个百分点。从食品消费的结构上来看更加合理，副食品消费仍是食品消费的主要部分，人们更加注意营养搭配，干鲜瓜果、鲜奶及奶制品等已是居民家庭生活中的必备食品，净菜、快餐等方便快捷食品已被广大消费者所接受，在外饮食消费

1. ~型	~xíng	后缀	-oriented, type, pattern
2. 指标	zhǐbiāo	名	index, indicator
3. 趋向	qūxiàng	动	tend to, incline to
4. 提升	tíshēng	动	promote
5. 稳步	wěnbù	副	steadily, with steady steps
6. 逐年	zhúnián	副	year by year, year after year
7. 抽样	chōuyàng	动	sample
8. 副食品	fùshípǐn	名	non-staple food
9. 快捷	kuàijié	形	quick

支出呈上升趋势，居民的生活水平明显提高。

无锡人已从过去的吃饱穿暖为标准的温饱型生活向着以享受和发展为标准的小康型乃至富裕型生活转变。

10. 呈	chéng	动
present, show		

根据短文回答问题 Answer the questions according to the passage.

1. 无锡人的消费水平有什么转变？
2. 无锡人的食品消费结构怎样？
3. 说说恩格尔系数与生活水平的关系。
4. 谈谈你的食品消费结构。

第十一课 Lesson 11

社会保障
Social Security

学习目标 Learning objectives

1. 通过课文的学习，了解社会保障的功能与意义
   - （1）了解社会保障的定义
   - （2）了解社会保险的作用
   - （3）了解社会保障的功能
2. 掌握相关专业词汇
3. 掌握下列常用表达式
   - （1）由……组成
   - （2）……，其中……

热身 Warming up

1. 每个人都会老。如果你老了，不能工作了，该怎么生活呢？
2. 一个社会总有一部分人需要帮助，你能想出一个大家互相帮助的方法吗？

略读 Skimming

读一读下面的课文，看下面的句子对不对，对的画√，错的画×

Read the text and decide whether the following sentences are true (√) or false (×).

1. 许多国家都有社会保障制度。　　　　　　　　　　（　　）
2. 社会保障主要是为了保证人们的基本生活需要。　　（　　）
3. 社会保险是一种社会保障。　　　　　　　　　　　（　　）
4. 社会保障的对象一般是全体社会成员。　　　　　　（　　）

课文 Text

社会保障

1　没有社会的稳定，就没有社会的发展；没有社会的保障，就没有社会的稳定。为了社会的稳定与发展，世界上许多国家都建立了社会保障制度。那么，什么是社会保障呢？社会保障是指社会成员在年老、疾病、失业、伤残、生育、死亡或者遇到自然灾害时，国家向社会成员提供帮助，保证人们的基本生活不受影响；同时，根据经济和社会的发展，增加国民福利，提高人们生活水平。

2　社会保障有多种形式，其中社会保险是最重要的一种。社会保险指的是劳动者在失去劳动能力或失业时，获得物质帮助和补偿的一种社会保障制度。社会保险是由养老保险、医疗保险、失业保险、生育保险等内容组成的，保障公民在年老、疾病、工伤、生育等情况下从国家和社会获得物质帮助。

3　社会保障是由国家提供的，保障的对象是全部的社会成员。因

1. 成员	chéngyuán	名	member
2. 伤残	shāngcán	动	be disabled
3. 生育	shēngyù	动	give birth to
4. 死亡	sǐwáng	动	die
5. 灾害	zāihài	名	disaster
6. 福利	fúlì	名	welfare
7. 形式	xíngshì	名	form
8. 物质	wùzhì	名	material
9. 补偿	bǔcháng	动	compensate
10. 养老	yǎnglǎo	动	provide for the aged
11. 医疗	yīliáo	动	medical treatment
12. 对象	duìxiàng	名	object

此，社会保障具有保障社会成员基本生活、维护社会稳定、促进经济发展、保持社会公平和增加国民福利的重要功能。所以，人们经常把社会保障叫做社会的"安全网"。

13. 具有	jùyǒu	动	possess
14. 维护	wéihù	动	preserve, maintain
15. 促进	cùjìn	动	promote
16. 保持	bǎochí	动	keep
17. 功能	gōngnéng	名	function

学习普通词语 Learning common words

一 读词语，写拼音，连英文
Read the following words, write down their *pinyin* and then match them with their English meanings.

保障	bǎozhàng	set up
建立	_____	material
成员	_____	object
形式	_____	possess
物质	_____	keep
补偿	_____	function
对象	_____	member
具有	_____	ensure, safeguard
维护	_____	fair
保持	_____	form
公平	_____	compensate
功能	_____	preserve, maintain

二 词语扩展 Word expansion

1. 保障　　　社会保障　　　安全保障　　　生活保障
2. 建立　　　建立制度　　　建立关系　　　建立组织

3. 成员	社会成员	家庭成员	重要成员
4. 形式	艺术形式	各种形式	形式多样
5. 物质	物质条件	物质帮助	物质生活
6. 补偿	经济补偿	物质补偿	提供补偿
7. 对象	学习对象	讨论对象	保障对象
8. 具有	具有丰富的意义	具有多样的功能	具有中国的特点
9. 维护	维护电脑	维护社会稳定	维护经济健康发展
10. 保持	保持安静	保持整齐	保持微笑
11. 公平	社会的公平	公平的社会	很公平
12. 功能	语言的功能	重要的功能	功能丰富

三 选词填空 Fill in the blanks with the given words.

保障	物质	对象	具有	公平	建立	
维护	保持	功能	成员	补偿	形式	

1. 市场对每个企业都是（   ）的。

2. 稳定的社会是一个国家经济发展的重要（   ）。

3. 中国的东部经济发展得比较好，人们的（   ）生活很丰富。

4. 中国和很多国家（   ）了良好的经济贸易关系。

5. 这种电脑的销售（   ）是中小学生。

6. 社会保障在一个国家的社会发展中（   ）重要的作用。

7. 中国是世界贸易组织（WTO）的一个重要（   ）。

8. 养老保险是一种重要的社会保障（   ）。

9. 王明的工作是（   ）公司的所有电脑。

10. 最近几年来，中国的经济（   ）了较快的发展速度。

11. 这种手机有上网、聊天儿、游戏等多种（   ），所以价格比较贵。

12. 这家工厂污染了环境，必须向周围的居民提供经济（   ）。

学习常用表达式
Learning useful expressions

一 由……组成

1. 根据提示和示例，体会"由……组成"在什么情况下使用
   Learn the usage of "由……组成" with the help of the hints and examples.

   （1）提示：计算机系统有两部分：一部分是硬件系统，一部分是软件系统。

   示例：计算机系统**由**硬件系统和软件系统两部分**组成**。

   （2）提示：这个委员会一共有28名委员。

   示例：这个委员会**由**28名委员**组成**。

2. 用下面的词语组成正确的句子
   Combine the following words and phrases into sentences.

   （1）我的家　爸爸　和　组成　我　由　妈妈

   _____

   （2）代表团　是　由　12个国家　24名学生　组成　这个　的

   _____

   （3）国际贸易　组成　进口贸易　由　出口贸易　两部分

   _____

   （4）主机　硬件系统　输出设备等　计算机　组成　输入　和　由

   _____

3. 用"由……组成"说两个句子　Make two sentences with "由……组成".

   （1）_____

   （2）_____

……，其中……

1. 根据提示和示例，体会"……，其中……"在什么情况下使用

   Learn the usage of "……，其中……" with the help of the hints and examples.

   （1）提示：我们班一共20名学生，女生有12名。

   示例：我们班一共20名学生，**其中**女生有12名。

   （2）提示：社会保障有多种形式，社会保险是社会保障的一部分，而且是最重要的。

   示例：社会保障有多种形式，**其中**社会保险是最重要的一种。

2. 用"……，其中……"完成下面的句子

   Complete the following sentences with "……，其中……".

   （1）我有很多爱好，比如踢足球、听音乐、看小说什么的，_____。

   （2）社会保险有养老保险、医疗保险、失业保险、生育保险等多种多样的形式，_____向暂时失去工作的社会成员_____。

   （3）社会保障有很多功能，_____最重要的就是_____。所以，人们经常把社会保障叫做社会的"安全网"。

   （4）社会的发展需要许多条件，_____特别重要。没有社会的稳定，就没有社会的发展。

3. 用"……，其中……"说两个句子

   Make two sentences with "……，其中……".

   （1）_____

   （2）_____

学习专业词语　Learning specialized terms

一　读词语，写拼音，连英文

Read the following words and phrases, write down their *pinyin* and then match them with their English meanings.

社会保障	shèhuì bǎozhàng	social insurance
社会保障制度	_____	medical insurance
福利	_____	social security system
保险	_____	unemployment insurance
社会保险	_____	endowment insurance
失业	_____	social security
失业保险	_____	provide for the aged
养老	_____	welfare
养老保险	_____	insurance
医疗保险	_____	unemployment
生育保险	_____	birth insurance

二　词语扩展　Word expansion

例如：产品（社会产品）（农业产品）

1. 保障（　　　）（　　　）
2. 保险（　　　）（　　　）
3. 福利（　　　）（　　　）

三 把下面的专业词语和它的意思连接起来
Match the following terms with their meanings.

失业保险　　　　　国家向社会成员提供帮助，保证人们的基本生活不受影响；同时，根据经济和社会的发展，增加国民福利，提高人们生活水平

生育保险　　　　　提高人民生活水平的社会措施

社会保障制度　　　向暂时失去工作的劳动者提供物质帮助的一种保险

医疗保险　　　　　为退休或因为年老而不能工作的人提供基本生活保障的一种保险

养老保险　　　　　补偿疾病所带来的医疗费用的一种保险

福利　　　　　　　国家对生育的职工提供一定经济补偿和医疗保健的保险

四 选词填空 Fill in the blanks with the given words or phrases.

> 福利　　社会保障　　养老保险　　医疗保险　　失业保险

1.（　　　）是社会稳定、发展的安全网。

2. 最近几年来，这家公司逐渐提高了职工的（　　　），改善了职工的生活。

3. 为了保障失业后的基本生活，每个职工都应该参加（　　　）。

4. 如果你参加了（　　　），那么，当你年老了以后，就可以领取养老金。

5.（　　　）是人们健康的重要保证。

学习课文 Learning the text

一 朗读课文第1段，然后判断下面的句子对不对，对的画√，错的画×

Read Paragraph 1 of the text and decide whether the following sentences are true (√) or false (×).

1. 一个社会的发展需要稳定。　　　　　　　　　　　　（　　）

2. 建立社会保障制度的目的是保障社会的稳定与发展。　（　　）

3. 社会保障是国家向社会成员提供的。　　　　　　　　（　　）

4. 增加国民福利，提高人们生活水平，不是社会保障的目的。（　　）

二　朗读课文第2段，完成下面的选择填空练习

Read Paragraph 2 and choose the correct answers to fill in the blanks.

1. 社会保险是最重要的一种（　　）。

　　A. 社会保障　　　　B. 工作方式　　　　C. 社会福利　　　　D. 生活方式

2. 如果一个人希望在年老后得到国家的物质帮助，他应该参加（　　）。

　　A. 养老保险　　　　B. 医疗保险　　　　C. 失业保险　　　　D. 生育保险

3. 如果一个人想减少疾病对他的基本生活的影响，他应该参加（　　）。

　　A. 养老保险　　　　B. 医疗保险　　　　C. 失业保险　　　　D. 生育保险

三　朗读课文第3段，回答下面的问题　Read Paragraph 3 and answer the questions.

1. 社会保障是谁提供的？社会保障的对象是什么人？

2. 社会保障的主要功能有哪些？

四　回忆课文，根据课文内容填空　Fill in the blanks according to the text.

为了社会的稳定与发展，世界上许多国家都建立了社会保障制度。

在社会成员年老、疾病、失业、伤残、生育、死亡或者遇到自然灾害（　　　　），国家（　　　　）社会成员提供帮助，保证人们的基本生活不受影响；同时，（　　　　）经济和社会的发展，增加（　　　　），提高人们的生活水平。

社会保障具有保障社会成员（　　　　）、维护社会（　　　　）、促进经济（　　　　）、保持社会（　　　　）和增加国民（　　　　）的重要功能。所以，人们经常把（　　　　）叫做社会的"安全网"。

五　完整阅读课文，完成下面的练习

Read the whole text and do the following exercises.

1. 概括段落大意　Summarize the general meaning of each paragraph.

段落	段落大意
第1段	
第2段	
第3段	

2. 根据下面表格的提示，复述课文

Retell the text based on the hints in the table below.

段落	段落功能	句子连接方法	关键词语
第1段	定义	什么是……呢 ……是指……	社会成员　在……时　国家 提供帮助　保证　同时……
第2段	观点 说明	……，其中，…… ……指的是…… ……有……等内容	社会保险　在……时　获得物质 帮助和补偿　有……等内容
第3段	总结	……，因此，……	具有……功能　保障　维护 促进　保持　增加

阅读与讨论 Reading and discussion

张明失业了

张明在上海开了一家公司，不过，最近他很烦恼，因为他的公司倒闭了，也就是说，他失业了。一家人吃饭需要钱，孩子上学需要钱，张明真不知道该怎么办。就在这个时候，他接到了上海市劳动和社会保障局的通知，让他去领取失业保险金。这笔失业保险金给了张明很大的帮助。正是这笔钱让他能够在失业后仍然保持基本的正常生活。他相信，困难是暂时的，一切都会好起来的！

在上海，目前的失业保险金为每月730元，虽然不是很多，但是却为那些暂时困难的人提供了帮助。

1. 就业　jiùyè　动　get a job
2. 领取　lǐngqǔ　动　receive, get
3. 保险金　bǎoxiǎnjīn　名　insurance money

专有名词　Proper Noun
劳动和社会保障局
Láodòng hé shèhuì bǎozhàngjú
Labor and Social Security Bureau

一 阅读短文，思考并回答下面的问题
Read the passage, think about the following questions and answer them.

1. 张明为什么最近很烦恼？
2. 张明得到了什么样的帮助？
3. 失业保险金有什么作用？

二 讨论与表达　Discussion and expression

1. 小组讨论　Group discussion

（1）你觉得失业保险金对张明最大的帮助是什么？

（2）你觉得失业保险制度有没有必要？为什么？

（3）你了解你们国家的失业保险制度吗？可以给大家介绍一下吗？

2. 运用下面的提示词语，说一说你们小组对于失业保险的看法

Present your group's viewpoint on unemployment insurance using the following words and expressions.

提示词语：在……时　失业　参加　失业保险
　　　　　获得　失业保险金　保障　基本生活

扩展阅读　Extensive reading

中国的救助站

春节是中国最大的一个节日，每年的这个时候，人们都会和家人一起吃饭、聊天，享受亲情的快乐。但是还有一些人，他们流浪在外，无家可归，缺衣少食，这些人该怎么办呢？

他们可以去救助站。在中国的救助站里，这些在外流浪的人也享受到了"家"的温暖。救助站里的工作人员为他们贴春联、挂灯笼、放鞭炮、包饺子，不仅让流浪者在这里吃上了可口的饭菜，住上了有暖气的房子，更让他们体验到了

1. 救助站　jiùzhùzhàn　名
rescue station

2. 流浪　liúlàng　动　roam about, lead a vagrant life

3. 无家可归
wú jiā kě guī　homeless

4. 缺衣少食　quē yī shǎo shí
with insufficient food and clothing

"回家"过年的感觉。救助站里的新年,也过得非常热闹。

　　这样的救助站是中国政府为一些特殊的社会成员提供的社会保障,它们是由民政部门负责的慈善组织,它的主要职责是免费救助那些生活困难的人,给他们提供卫生的食物、符合基本条件的住处,帮助他们和亲属联系,并对没有交通费返回家乡的人提供乘车证明。根据统计,目前,全国共有救助站1376个,其中,流浪未成年人救助保护中心有118个。

5. 享受	xiǎngshòu	动	enjoy
6. 特殊	tèshū	形	special
7. 民政部门	mínzhèng bùmén		civil administration department
8. 慈善	císhàn	形	charitable
9. 职责	zhízé	名	responsibility
10. 救助	jiùzhù	动	relieve, succour

■ **根据短文回答问题** Answer the questions according to the passage.

1. 过年的时候,那些无家可归的人可以去哪里?
2. 救助站的主要职责是什么?

第十二课 国际贸易
Lesson 12　International Trade

学习目标　Learning objectives

1. 通过课文学习，了解国际贸易的相关知识
   （1）了解国际贸易的基本概念
   （2）了解国际贸易差额的种类
   （3）了解国际贸易的结算方式和票据种类
2. 掌握相关专业词汇
3. 掌握下列常用表达式
   （1）要么……要么……
   （2）以……为主

热身　Warming up

1. 不同国家、地区之间需要进行贸易，想一想，为什么呢？
2. 一个国家在国际贸易中有较多的贸易顺差好不好？为什么？

略读　Skimming

读一读下面的课文，看下面的句子对不对，对的画√，错的画×

Read the text and decide whether the following sentences are true (√) or false (×).

1. 国际贸易包括进口贸易和出口贸易。　　　　　　　（　）
2. 一个国家的贸易进口额大于出口额就是贸易逆差。　（　）
3. 一个国家的贸易可以总是处于平衡状态。　　　　　（　）
4. 国际贸易结算的方式有很多。　　　　　　　　　　（　）

课文 Text

国际贸易

1　　世界上不同国家和地区之间的商品和劳务的交换活动，就是国际贸易，也叫世界贸易，由进口贸易和出口贸易两部分组成。衡量国际贸易发展得怎么样，我们有一定的统计分析指标，主要包括：贸易额和贸易量、贸易差额、国际贸易条件、贸易的商品结构等。

2　　贸易差额是人们比较关心的一个指标。一个国家在一定时期内（通常为一年）出口总额与进口总额之间的差额就是贸易差额。如果一定时期该国的出口额大于进口额，就是贸易顺差；反之，出口额小于进口额就是贸易逆差。如果出口额等于进口额，那就是贸易平衡了。贸易平衡是比较理想的状态。一般情况下，一定时期内，一国的贸易要么处于顺差状态下，要么处于逆差状态下。贸易顺差可以推动经济增长，增加就业，所以各国都在追求贸易顺差。但是，大量的顺差往往会导致贸易纠纷。

1. 国际贸易　guójì màoyì　international trade
2. 劳务　láowù　名　(labor) services
3. 交换　jiāohuàn　动　exchange
4. 进口　jìnkǒu　动　import
5. 统计分析　tǒngjì fēnxī　statistical analysis
6. 指标　zhǐbiāo　名　index, indicator
7. 贸易额　màoyì'é　名　value of trade
8. 贸易量　màoyìliàng　名　volume of trade
9. 贸易差额　màoyì chā'é　trade gap
10. 总额　zǒng'é　名　total amount
11. 贸易顺差　màoyì shùnchā　trade surplus
12. 贸易逆差　màoyì nìchā　trade deficit
13. 贸易平衡　màoyì pínghéng　trade balance
14. 状态　zhuàngtài　名　state
15. 推动　tuīdòng　动　promote
16. 追求　zhuīqiú　动　pursue
17. 贸易纠纷　màoyì jiūfēn　trade dispute

第十二课　国际贸易

3　　当然，在国际贸易中还要经常发生货款结算，以结清买卖之间的债权债务关系，这就是国际贸易结算。国际贸易中的结算方式主要有信用证结算、汇付和托付结算、银行保证函等。其中汇付和托付是国际贸易中最常用的结算方式。贸易中用到的票据有汇票、本票、支票等，以使用汇票为主。票据作为国际结算中的一种重要的支付凭证，在国际上广泛使用。

18. 结算　jiésuàn　动　settle
19. 债权　zhàiquán　名　creditor's rights
20. 债务　zhàiwù　名　debt
21. 信用证　xìnyòngzhèng　名　letter of credit
22. 汇付　huìfù　动　remittance
23. 托付　tuōfù　动　consignment
24. 票据　piàojù　名　bill
25. 汇票　huìpiào　名　bill of exchange
26. 本票　běnpiào　名　promissory note
27. 支付凭证　zhīfù píngzhèng　payment instrument

学习普通词语　Learning common words

一　读词语，写拼音，连英文

Read the following words and phrases, write down their *pinyin* and then match them with their English meanings.

词语	拼音	英文
交换	jiāohuàn	state
衡量	_____	structure
统计分析	_____	weigh
结构	_____	promote
时期	_____	pursue
理想	_____	period
状态	_____	interchange
推动	_____	statistical analysis
追求	_____	lead to
导致	_____	ideal

词语扩展　Word expansion

1. 交换	交换东西	商品交换	劳务交换
2. 衡量	衡量经济发展	衡量指标	衡量标准
3. 统计分析	统计分析指标	统计分析结果	进行统计分析
4. 结构	经济结构	商品结构	结构复杂
5. 时期	一定时期	和平时期	困难时期
6. 通常	通常情况	通常状态	通常做法
7. 理想	生活理想	理想的工作	达成理想
8. 状态	收入状态	状态良好	逆差状态
9. 推动	推动发展	大力推动	推动增长
10. 追求	追求成功	追求幸福	努力追求
11. 导致	导致纠纷	导致争吵	导致不和
12. 国际	国际贸易	国际交流	国际活动

选词填空　Fill in the blanks with the given words.

> 交换　衡量　结构　时期　状态　推动　追求　导致

1. 这个国家的经济（　　　）合理，人民生活幸福。
2. 大量的贸易顺差往往会（　　　）贸易纠纷。
3. 贸易平衡是比较理想的状态，也是各国努力（　　　）的目标。
4. 这些措施都是为了（　　　）这一地区的经济发展。
5. 目前世界正处于和平发展（　　　）。
6. 在国际贸易中，我们有一定的指标可以（　　　）它发展得怎么样。
7. 买卖双方之间总是就商品和金钱进行着（　　　）。
8. 今年这个国家的经济（　　　）不太好，很多人失了业。

学习常用表达式
Learning useful expressions

■ 要么……要么……

1. 根据提示和示例，体会"要么……要么……"在什么情况下使用
   Learn the usage of "要么……要么……" with the help of the hints and examples.

   （1）提示：这个周末我必须去上海，不是周六去，就是周日去。

   示例：这个周末我必须去上海，**要么**周六去，**要么**周日去。

   （2）提示：最近股市震荡很厉害，不是大涨就是大跌，让股民心惊肉跳的。

   示例：最近股市震荡很厉害，**要么**大涨，**要么**大跌，让股民心惊肉跳的。

2. 用"要么……要么……"将下面的词语连接成正确的句子
   Combine the following words and phrases into sentences with "要么……要么……".

   （1）出去玩儿　今天　晚上　睡觉　我　在宿舍

   _____

   （2）选择　自己　唱歌　你　跳舞

   _____

   （3）有人　股市　觉得　刺激　很　赢钱　赔钱

   _____

   （4）一个国家　贸易　的　处于　顺差　状态下　处于　逆差　状态下

   _____

3. 用"要么……要么……"说两个句子
   Make two sentences with "要么……要么……".

   （1）_____

   （2）_____

二 以……为主

1. 根据提示和示例，体会"以……为主"在什么情况下使用

   Learn the usage of "以……为主" with the help of the hints and examples.

   （1）提示：在我的家乡，有时候我们吃米饭，有时候我们吃面条，吃米饭的时候最多。

   示例：在我的家乡，我们吃米饭和面条，以吃米饭为主。

   （2）提示：贸易中用到的票据有汇票、本票、支票等，使用汇票比较多一些。

   示例：贸易中用到的票据有汇票、本票、支票等，以使用汇票为主。

2. 用"以……为主"改写下面的句子

   Rewrite the following sentences with "以……为主".

   （1）这家商店主要经营生活用品，也卖一些学习用品。

   _____。

   （2）公司明年主要致力于扩大亚洲市场，尤其是中国市场。

   _____。

   （3）很多人关心投资理财，购置房产的人最多。

   _____。

   （4）恩格尔系数过大，食品支出过多，必然影响其他消费支出。

   _____。

3. 用"以……为主"说两个句子

   Make two sentences with "以……为主".

   （1）_____

   （2）_____

学习专业词语 Learning specialized terms

一 读词语，写拼音，连英文

Read the following words and phrases, write down their *pinyin* and then match them with their English meanings.

劳务	láowù	trade surplus
国际贸易	_____	remittance
指标	_____	debt
贸易额	_____	trade balance
贸易量	_____	consignment
贸易差额	_____	international trade
总额	_____	(labor) services
贸易顺差	_____	bill of exchange
贸易逆差	_____	value of trade
贸易平衡	_____	total amount of money
贸易纠纷	_____	trade gap
结算	_____	trade dispute
债权	_____	index, indicator
债务	_____	payment instrument
信用证	_____	volume of trade
汇付	_____	letter of credit
托付	_____	settle
票据	_____	promissory note
汇票	_____	creditor's rights
本票	_____	trade deficit
支付凭证	_____	bill

二 词语扩展　Word expansion

例如：贸易（国际贸易）（出口贸易）

1. 指标（　　）（　　）　　2. 总额（　　）（　　）
3. 结算（　　）（　　）　　4. 支付（　　）（　　）

三 把下面的专业词语和它的意思连接起来
Match the following terms with their meanings.

国际贸易　　　　　　在一定时期内，一国的出口额等于进口额

贸易逆差　　　　　　以一定方式结清买卖双方之间的债权债务关系

贸易平衡　　　　　　在一定时期内，一国的出口额小于进口额

贸易结算　　　　　　不同国家和地区之间的商品和劳务的交换活动

四 选词填空　Fill in the blanks with the given words or phrases.

> 劳务　贸易逆差　总额　纠纷　结算　支付

1. 在国际贸易中，我们可以用汇票、本票、支票等方式（　　　　）货款。
2. 这家公司主要经营（　　　　）输出。
3. 这次的（　　　　）是因为一些误会引起的。
4. 如果一个国家总是处于（　　　　）状态下，那么就不利于经济增长，无法推动就业。
5. 如果从银行借钱，那么我们就要（　　　　）一定的利息。
6. 这是笔很大的订单，（　　　　）高达一百亿人民币。

学习课文　Learning the text

一 朗读课文第1段，回答下面的问题
Read Paragraph 1 of the text and answer the questions.

1. 什么叫国际贸易？

2. 国际贸易是由哪两部分组成的?

3. 下面哪一项不是衡量国际贸易的指标?（　　）

　　A. 贸易时间　　B. 贸易额　　C. 贸易量　　D. 贸易差额

二 阅读课文第2段,然后判断下面的句子对不对,对的画√,错的画×

Read Paragraph 2 and decide whether the following sentences are true (√) or false (×).

1. 贸易差额是指一个国家在一定时期内出口总额与进口总额之间的差额。

（　　）

2. 如果一定时期该国的出口额大于进口额,就是贸易顺差。　　（　　）

3. 如果一定时期该国的进口额小于出口额就是贸易逆差。　　（　　）

4. 一般情况下,一定时期内一国的贸易或者处于顺差状态下,或者处于逆差状态下。

（　　）

5. 贸易顺差可以推动经济增长,增加就业,所以各国都在追求贸易顺差。

（　　）

6. 贸易顺差越多越好。　　（　　）

三 阅读课文第3段,根据课文内容填空

Read Paragraph 3 and fill in the blanks.

　　国际贸易中经常要结清买卖之间的债权债务关系,我们称之为（　　　　）。结算的方式（　　　　）有信用证结算、汇付和托付结算、银行保证函等。其中,（　　　　）和（　　　　）是最常用的结算方式,贸易中用到的票据有汇票、本票、支票等,以使用（　　　　）为主。

四 阅读课文,填写关键词　　Read the text and give the key words of each paragraph.

段落	关键词
第1段	
第2段	
第3段	

五 阅读课文，概括段落大意

Read the text and summarize the general meaning of each paragraph.

段落	段落大意
第1段	
第2段	
第3段	

六 根据下面表格的提示，复述课文

Retell the text based on the hints in the table below.

段落	段落功能	句子连接方法
第1段	定义	……是……
	说明	由……组成
第2段	分析	……，反之，……
		要么……，要么……
第3段	定义	称之为
	说明	以……为主

阅读与讨论 Reading and discussion

他是一个好的发明家吗

有一天，一位发明家发明了一种成本极低的炼钢方法。但是生产过程非常神秘，而且发明家坚持保密。奇怪的是，发明家不需要多投入任何工人或者铁矿，唯一需要的是本国的小麦。

这位发明家被誉为天才。因为钢铁

1. 发明　fāmíng　动　invent
2. 炼　liàn　动　refine
3. 钢　gāng　名　steel
4. 钢铁　gāngtiě　名　iron and steel
5. 神秘　shénmì　形　mysterious

在他的国家应用非常广泛，所以这项发明降低了许多物品的成本，并使民众的生活水平大大提高。当钢铁厂关门以后，一些原先的工人蒙受了痛苦。但最终，通过各种方法他们找到了新的工作。一些人成了农民，种植发明家需要的小麦。另一些人进入由于生活水平提高而出现的新行业。每一个人似乎都能理解，这些工人被代替是进步不可避免的一部分。

几年以后，一位报社的记者决定调查这个神秘的炼钢过程。她偷偷进入发明家的工厂，终于发现发明家原来是一个大骗子。发明家根本没有炼钢，他只是违法把小麦运送到其他国家，然后再从其他国家进口钢铁。发明家所做的唯一事情就是从国际贸易中获取私利。

当真相被披露后，政府停止了发明家的经营。钢铁价格上升了，工人回到了原先的钢铁厂工作。这个国家人民的生活水平退回到了以前。发明家被投入狱中并遭到大家的嘲笑。

毕竟他不是发明家，他仅仅是一个经济学家！

6. 保密	bǎo mì	动	keep sth. secret
7. 铁矿	tiěkuàng	名	iron mine
8. 唯一	wéiyī	形	only, sole
9. 小麦	xiǎomài	名	wheat
10. 誉	yù	动	praise
11. 蒙受	méngshòu	动	suffer
12. 种植	zhòngzhí	动	plant
13. 避免	bìmiǎn	动	prevent sth. from happening
14. 骗子	piànzi	名	cheater
15. 违法	wéi fǎ	动	break the law
16. 披露	pīlù	动	make public
17. 嘲笑	cháoxiào	动	ridicule, mock, laugh at
18. 毕竟	bìjìng	副	after all

一 阅读短文，思考并回答下面的问题

Read the passage, think about the following questions and answer them.

1. 这个发明家发明了好的炼钢方法了吗？
2. 发明家真的在炼钢铁吗？
3. 最后，政府为什么不让发明家经营了？

二 讨论与表达 Discussion and expression

1. 小组讨论 Group discussion

   （1）你觉得这个发明家的做法怎么样？

   （2）发明家的钢铁来自于哪儿？

   （3）你觉得在现代社会应该怎样进行贸易？

2. 运用下面的提示词语，说一说你们小组关于贸易顺差的看法

   Present your group's viewpoint on trade surplus using the following words and expressions.

   提示词语： 贸易顺差　　贸易差额　　债务　　进口

   　　　　　 经济发展　　贸易纠纷　　国际　　追求

扩展阅读 Extensive reading

世界贸易组织

世界贸易组织，简称世贸组织，英文简称为WTO。世贸组织是一个独立于联合国的永久性国际组织，总部设在瑞士日内瓦。1995年1月1日开始正式运作，它的前身是关税及贸易总协定（General Agreement on Tariffs and Trade，GATT）。

世贸组织与世界银行、国际货币基金组织一起，是当代世界中最重要的三大国际贸易组织。其中世贸组织主要负责管理世界经济和贸易秩序，在调解成员争端方面具有很高的权威性。

世贸组织主要致力于促进经济和贸易发展，以提高生活水平、保证充分就业、保障实际收入和有效需求的增长；根据可持续发展的目标合理利用世界资源、扩大商品生产和服务；达成互惠

1. 简称 jiǎnchēng 动 be called sth. for short
2. 货币基金 huòbì jījīn monetary fund
3. 有效需求 yǒuxiào xūqiú effective demand
4. 可持续发展 kěchíxù fāzhǎn sustainable development
5. 互惠互利 hù huì hù lì mutual benefit
6. 关税 guānshuì 名 tariff

互利的协议，大幅度削减和取消关税及其他贸易壁垒并消除国际贸易中的歧视待遇。

与关贸总协定相比，世贸组织涵盖货物贸易、服务贸易以及知识产权贸易，关贸总协定只适用于商品货物贸易。世贸组织协议的范围包括从农业到纺织品与服装，从服务业到政府采购，从原产地规则到知识产权等多项内容。目前，世贸组织的贸易量已占世界贸易的95%以上。在世界具有广泛的影响，截止到2010年，已有153个成员。

7. 贸易壁垒　màoyì bìlěi　trade barriers
8. 知识产权　zhīshi chǎnquán　intellectual property
9. 纺织品　fǎngzhīpǐn　名　textile

■ **根据短文回答问题**　Answer the questions according to the passage.

1. 世界贸易组织的前身是什么？
2. 当代世界中最重要的三大国际贸易组织是哪三个？
3. 世界贸易组织主要致力于什么？
4. 世界贸易组织涵盖的贸易范围包括哪些？

第十三课 Lesson 13

海关与关税
Customs and Tariff

> **学习目标 Learning objectives**
>
> 1. 通过课文的学习,了解海关与关税的基本概念和理论
>   - (1) 了解海关与关税的基本概念和作用
>   - (2) 了解关税的主要分类
>   - (3) 了解海关与关税和人们的关系
> 2. 掌握相关专业词汇
> 3. 掌握下列常用表达式
>   - (1) 一是……,二是……
>   - (2) 按……可分为……

热身 Warming up

1. 中国的手机比较便宜,你回国的时候会多买几部送给朋友吗?
2. 你坐飞机去别的国家时填过一张要求写出你带了什么东西的表格吗?

略读 Skimming

读一读下面的课文,看下面的句子对不对,对的画√,错的画×

Read the text and decide whether the following sentences are true (√) or false (×).

1. 海关就是一个国家的海上管理机关。　　　　　　　　　　　　(　　)
2. 征收关税可以增加国家财政收入。　　　　　　　　　　　　　(　　)
3. 关税只和做出口贸易的人有关,我不做生意,所以和我无关。(　　)
4. 关税越高越好。　　　　　　　　　　　　　　　　　　　　　(　　)

课文 Text

海关与关税

1　海关是一个国家在边境设立的负责进口和出口管理的国家机构。它根据国家法律，对进出国境的商品或物品进行检查并征收关税，因此，关税就是一个国家的海关对进出境的物品征收的一种税。

2　征收关税主要有两个目的：一是增加国家财政收入，二是保护本国的工业生产和国内市场。

3　按关税的不同流向，关税可分为进口关税和出口关税。一些国家实行出口关税，对本国公司出口的产品征收关税。例如，俄罗斯对石油出口征收关税，目的是得到政府收入，并保持俄罗斯国内较高的石油储备。不过，最常见的关税是进口关税，即对进口商品征收的关税。

4　如果每个国家都征收很高的关税，那么国际贸易将会很难进行。所以，为了保护国际贸易的

1. 根据	gēnjù	动	according to
2. 国境	guójìng	名	frontier
3. 征收	zhēngshōu	动	levy, impose
4. 目的	mùdì	名	purpose
5. 保护	bǎohù	动	protect
6. 生产	shēngchǎn	动	produce, manufacture
7. 实行	shíxíng	动	carry out
8. 石油	shíyóu	名	oil
9. 储备	chǔbèi	名	reserve
10. 不过	búguò	连	but, however
11. 贸易	màoyì	名	trade

环境，世界各国都在世界贸易组织（WTO）的监督下降低关税。

5　　海关和关税与我们的生活息息相关。事实上，作为纳税人，我们每天不知不觉地交了很多税，其中一项就是关税。不论你提的LV的包，用的苹果的IPAD，还是你喝的蓝山咖啡，穿的NIKE的鞋子，包括圣诞节用的彩灯，只要它们是从国外进口的，哪一样里面不含关税呢？如果你经常进出境，那么海关与关税和你的关系就更大了。在入关之前，一定要了解这个国家的出入境规定，这样就不会因为不必要的麻烦而影响你的旅行了。

12. 环境　huánjìng　名　environment
13. 监督　jiāndū　动　supervise
14. 息息相关　xīxī xiāngguān　be closely linked
15. 事实　shìshí　名　fact
16. 纳税　nà shuì　动　pay taxes
17. 不知不觉　bù zhī bù jué　unconsciously
18. 含　hán　动　contain

学习普通词语　Learning common words

一　读词语，写拼音，连英文

Read the following words and expressions, write down their *pinyin* and then match them with their English meanings.

根据	gēnjù	produce, manufacture
目的	_____	environment
生产	_____	carry out
实行	_____	supervise
不过	_____	according to
环境	_____	purpose
监督	_____	but, however

事实	_____	unconsciously
降低	_____	contain
息息相关	_____	reduce
不知不觉	_____	fact
含	_____	be closely linked

■ 词语扩展　Word expansion

1. 根据	根据需要	根据他说的	根据要求
2. 目的	目的地	他的目的	目的明确
3. 生产	生产材料	工业生产	安全生产
4. 实行	实行新政策	实行法律	正确实行
5. 环境	环境保护	爱护环境	周围环境
6. 监督	监督学习	监督工作	监督员
7. 事实	事实上	正视事实	事实来源
8. 降低	降低关税	温度降低	降低要求
9. 息息相关	与他息息相关	和我息息相关	与生活息息相关
10. 不知不觉	不知不觉地来到	不知不觉地发现	不知不觉地开始喜欢
11. 含	不含关税	含税	
12. 必要	必要的时候	必要的原因	必要物品

■ 选词填空　Fill in the blanks with the given words or expressions.

> 息息相关　事实　降低　监督　实行　不知不觉　根据　目的

1. 这样的（　　　）是每个人都很难接受的。
2. 同学们要（　　　）课文回答老师提出的问题。
3. 我学汉语的（　　　）是为了将来到中国工作。
4. 时间过得真快，（　　　）一个下午就过去了。
5. 国家为了提高个人收入（　　　）了一系列新的政策。
6. 我请老师和父母（　　　）我学习汉语。
7. 最近两年，中国部分商品的价格（　　　）了不少。
8. 国家的命运与人民（　　　），就好像鱼儿离不开水，鸟儿离不开树林。

学习常用表达式
Learning useful expressions

■ 一是……，二是……

1. 根据提示和示例，体会"一是……，二是……"在什么情况下使用

    Learn the usage of "一是……，二是……" with the help of the hints and examples.

    （1）提示：征收关税的目的可以是增加国家财政收入；

    征收关税的目的也可以是保护本国的工业生产和国内市场。

    示例：征收关税的目的有两个，一是增加国家财政收入；二是保护本国的工业生产和国内市场。

    （2）提示：按关税的不同流向，可将关税分为进口关税和出口关税。

    示例：按关税的不同流向，可将关税分为两种：一是进口关税，二是出口关税。

2. 用"一是……，二是……"改写下面的句子

    Rewrite the following sentences with "一是……，二是……".

    （1）社会保障的主要对象为：

    ① 一般劳动者；

    ② 那些没有收入、低收入的人以及遭遇意外灾害的人们。

    ＿＿＿＿＿＿＿＿＿＿＿＿＿＿＿＿＿＿＿＿＿＿＿＿＿＿＿＿＿＿＿＿。

    （2）昨天下午他没有去北京玩儿，是因为：

    ① 他的女朋友昨天上午生病了；

    ② 今天他的老乡来看他。

    ＿＿＿＿＿＿＿＿＿＿＿＿＿＿＿＿＿＿＿＿＿＿＿＿＿＿＿＿＿＿＿＿。

    （3）按脑力劳动和体力劳动的性质、层次进行分类，可以把工作人员划分为两大类：

    ① 白领工作人员

    ② 蓝领工作人员

    ＿＿＿＿＿＿＿＿＿＿＿＿＿＿＿＿＿＿＿＿＿＿＿＿＿＿＿＿＿＿＿＿。

（4）在目前中国税金分类体系中，税金可分为：

　　①直接税

　　②间接税

　　_____。

3. 用"一是……，二是……"说两个句子

　Make two sentences with "一是……，二是……".

　（1）_____

　（2）_____

◼ 按……可分为……

1. 根据提示和示例，体会"按……可分为……"在什么情况下使用

　Learn the usage of "按……可分为……" with the help of the hints and examples.

　（1）提示：经济发展水平很高的国家是发达国家；

　　　　　　经济发展水平不高的国家是发展中国家。

　　　示例：**按**经济发展水平，世界上的国家**可分为**发达国家和发展中国家。

　（2）提示：在陆地上战斗的军队是陆军；在天空中战斗的军队是空军；

　　　　　　在大海上战斗的军队是海军。

　　　示例：**按**战斗地点，军队**可分为**陆军、海军、空军。

2. 用"按……可分为……"改写下面的句子

　Rewrite the following sentences with "按……可分为……".

　（1）难度小的考试是初级考试；中等难度的考试是中级考试；难度最大的是高级考试。

　_____

　（2）在一年里，春季比较暖和，夏季很炎热，秋季比较凉快，冬季寒冷。

　_____

（3）从题材来看，以人物形象为主体的中国画是人物画；以山川自然景观为主要描写对象的中国画是山水画；以花卉、花鸟、鱼虫等为描绘对象的中国画是花鸟画。

_____

（4）从征收方法来看，依照进出口货物的价格作为标准征收关税为从价关税；依照进出口货物数量的计量单位征收定量关税为从量关税；依各种需要对进出口货物进行从价、从量的混合征税为混合关税。

_____

3. 用"按……可分为……"说两个句子

Make two sentences with "按……可分为……".

（1）_____

（2）_____

学习专业词语　Learning specialized terms

一　读词语，写拼音，连英文

Read the following words and phrases, write down their *pinyin* and then match them with their English meanings.

纳税人	nàshuìrén	frontier
出口	_____	international trade
进口	_____	reserve
财政收入	_____	export
国际贸易	_____	World Trade Organization
世界贸易组织	_____	taxpayer
储备	_____	financial revenue
国境	_____	import
流向	_____	flow direction

二 词语扩展　Word expansion

例如：产品（社会产品）（农业产品）

1. 进口（　　　）（　　　）　　2. 财政（　　　）（　　　）

3. 储备（　　　）（　　　）　　4. 贸易（　　　）（　　　）

三 把下面的专业词语和它的意思连接起来

Match the following terms with their meanings.

征收关税　　　不同国家或地区之间的商品交换活动

国际贸易　　　指一国领土之内的市场，与"国外市场"相对

财政收入　　　进出口商品在经过一国关境时，由政府海关向进出口商品收税

国内市场　　　政府在一定时期内所取得的货币收入

四 选词填空　Fill in the blanks with the given words or phrases.

> 出口　进口　储备　世界贸易组织　纳税人　财政收入

1. 在古代，中国的茶叶、丝绸、工艺品就（　　　）到了世界各地。

2. 2001年12月11日，中国正式加入了（　　　），成为其第143个成员。

3. 一个国家的黄金（　　　）越多，国家的经济实力就越强。

4. 作为国家法律规定的（　　　），我们有义务为国家的（　　　）作贡献。

5. 过去的一年里，我国的一部分石油是从中东和非洲地区（　　　）的。

学习课文　Learning the text

一　朗读课文第1、2段，然后判断下面的句子对不对，对的画√，错的画×

Read Paragraphs 1 and 2 of the text and decide whether the following sentences are true (√) or false (×).

1. 海关是负责出口管理的国家机构。　　　　　　　　　　　　　（　　）

2. 关税是一个国家的海关对进到自己国家的物品征收的一种税。　（　　）

3. 海关可以对进出自己国家的物品进行检查并收取关税。　　（　　）

4. 征收关税的主要目的是为了增加自己国家人民的收入。　　（　　）

三 朗读课文第3、4段，完成下面的选择填空练习

Read Paragraphs 3 and 4 and choose the correct answers to fill in the blanks.

1. 按照关税的不同（　　），关税可以分为两种：进口关税和出口关税。

　　A. 目的　　　　B. 流向　　　　C. 时间　　　　D. 利益

2. 有的国家会对进口商品征收关税，有的国家会（　　）出口关税。

　　A. 实行　　　　B. 进行　　　　C. 举行　　　　D. 流行

3. 为了保护国际贸易的环境，世界上很多个国家都在（　　）关税。

　　A. 提高　　　　B. 降低　　　　C. 增加　　　　D. 取消

四 朗读课文第5段，做下面的练习　　Read Paragraph 5 and do the following exercises.

1. 根据课文内容，判断下面的句子对不对，对的画√，错的画×

Decide whether the following sentences are true (√) or false (×).

（1）纳税人可能会不自觉地交一些关税。　　　　　　　　（　　）

（2）海关和关税和我们学生的生活没有很大的关系。　　　（　　）

（3）我们去别的国家旅行，如果不了解这个国家的出入境规定，也一定不会影响我们的旅行。　　　　　　　　　　　　　　　　　　　　　（　　）

2. 根据提示词语说出海关和关税与人们生活的关系

Talk about the relationship between customs and tariff and people's life using the given words and expressions.

提示词语：交税　纳税人　息息相关　出境　规定　旅行　购物

四 回忆课文，根据课文内容填空　　Fill in the blanks according to the text.

关税就是一个国家的海关对（　　　　）的物品征收的一种税。它可以分为（　　　　）关税和出口关税。征收关税主要有两个目的：一是增加国家（　　　　），二是（　　　　）本国的工业生产和国内市场。关税与我们的生活（　　　　）。

第十三课　海关与关税

五 完整阅读课文，完成下面的练习

Read the whole text and do the following exercises.

1. 概括段落大意 Summarize the general meaning of each paragraph.

段落	段落大意
第1段	
第2段	
第3段	
第4段	
第5段	

2. 根据下面表格的提示，复述课文

Retell the text based on the hints in the table below.

段落	段落功能	句子连接方法	关键词语
第1段	定义	……是……	海关　边境　负责　进出口　机构　物品　征收　税
第2段	介绍	一是……二是……	目的　增加　收入　保护　市场
第3段	介绍	按……可以分……	关税　流向　进口　出口
第3段	说明	一些国家……，例如…… 不过……，即……	实行　关税　俄罗斯　最常见　是　征收
第4段	介绍	如果……，那么……那么	国家　征收　关税　国际　贸易　为了　保护　环境　降低
第5段	观点	事实上……	纳税人　交税
第5段	列举	不论……还是…… 包括……	包　咖啡　鞋子　圣诞节
第5段	总结	只要……，哪一样…… 不含……呢	国外进口　里面　含
第5段	深化	如果……那么……	经常　进出境　海关　关税　关系　大

阅读与讨论 Reading and discussion

商人这样逃避关税好吗

有个美国商人名叫琼尼，他了解到进口法国女式手套要缴纳很高的进口税，因此这种手套在美国售价非常昂贵。琼尼跑到法国，买下了10000双最昂贵的皮手套，他将每副手套都一分为二，将其中10000只左手套发往美国。而他却一直不去提这批货物，货物过了期限，海关按惯例将这批货物做无主货物拍卖处理。由于一整批左手套毫无价值，琼尼只出了一笔微不足道的钱，就把它们全买下了。海关当局如梦大醒，就发了通知：务必严加注意，最近可能有一批右手手套会到海关，不能让那个狡猾的进口商得逞。而这一次，琼尼却将10000只右手手套分装成5000盒，没有像上次一样一次整捆运来。海关人员认为一盒装两只手套，一定是一副，第二批货物顺利通过美国海关。琼尼只缴了5000副手套的关税，再加上在第一批拍卖时的那一小笔钱，就把10000副手套顺利地弄到了美国。

你觉得商人这样逃避关税好吗？

1. 女式 nǚshì 形 women's
2. 手套 shǒutào 名 gloves
3. 缴纳 jiǎonà 动 pay
4. 昂贵 ángguì 形 expensive
5. 其中 qízhōng 名 in which, among
6. 期限 qīxiàn 名 deadline, time limit
7. 拍卖 pāimài 动 auction
8. 价值 jiàzhí 名 value
9. 微不足道 wēi bù zú dào too trivial or insignificant to mention
10. 务必 wùbì 副 be sure to
11. 狡猾 jiǎohuá 形 sly
12. 得逞 déchěng 动 gain one's purpose

专有名词 Proper Nouns

1. 法国 Fǎguó France
2. 美国 Měiguó the United States of America
3. 琼尼 Qióngní Johnny (name of a person)

一 阅读短文，思考并回答下面的问题
Read the passage, think about the following questions and answer them.

1. 法国女士手套在美国贵不贵？
2. 商人是怎么把手套运到美国的？
3. 商人最后一共缴了多少关税？

二 讨论与表达　Discussion and expression

1. 小组讨论　Group discussion

（1）商人为什么会把左右手的手套分开运回？

（2）你觉得商人的这种方法怎么样？为什么？

（3）你觉得商人应该怎么把手套运到自己的国家？

2. 运用下面的提示词语，说一说你们小组对关税的看法

Present your group's viewpoint on tariff using the following words and expressions.

提示词语：海关　按……可分为　如果……，那么……
　　　　　关税　事实上　与……息息相关

扩展阅读　Extensive reading

关税越高越好吗

进口关税是最常见的一种关税，它能够为国家政府带来大量财政收入。例如，美国向许多消费品征收关税。欧盟对肉类征收高达236%的关税，对谷类征收180%的关税。根据北美自由贸易协定，墨西哥免除了几乎所有从美国进口的产品的关税。但是，墨西哥对其他国家仍然保持较高的关税，对农产品征收的税率大约为24.5%，非农产品为17.1%。一些发展中国家人均收入低，

1. 消费品	xiāofèipǐn	名 consumption goods
2. 免除	miǎnchú	动 exempt
3. 农产品	nóngchǎnpǐn	名 agricultural product
4. 税率	shuìlǜ	名 tax rate

进口关税高。但可笑的是，高进口关税往往会加剧一国的贫穷。

如果关税过高，进口到本国商品的成本就会增加，一些外国企业就会退出市场。这样虽在短期内有利于本国企业的发展，但时间一长，本国企业就有可能形成垄断，这样对企业和消费者都会产生不利的影响。

另一方面，从长远来看，如果关税过高，政府从公司得到的关税会减少。正如人们不想要交纳税款一样，公司也希望避免交纳关税。这样，高额关税就会导致走私。例如，加拿大对香烟征收的高额关税使得走私人员将走私香烟从美国北部的大西洋运往加拿大境内。

另外，过高的关税还会引起国家之间的贸易战争。

由于高额关税抑制了自由贸易和经济增长，政府经过一段时间就会降低关税。事实上，这是世界贸易组织的首要目标。不断降低的关税成为市场全球化的一个主要驱动力。

5. 发展中国家　fāzhǎnzhōng guójiā　developing country
6. 人均　rénjūn　动　per capita
7. 走私　zǒu sī　动　smuggle

专有名词　Proper Noun
北美自由贸易协定
Běiměi Zìyóu Màoyì Xiédìng
the North American Free Trade Agreement

■ **根据短文回答问题**　Answer the questions according to the passage.

1. 关税过高会带来什么后果？
2. 垄断是怎么形成的？
3. 为什么高关税容易导致走私？
4. 你觉得关税降得太低好吗？

第十四课 Lesson 14

货币与汇率
Currency and Exchange Rate

学习目标 Learning objectives

1. 通过课文的学习，了解货币与汇率的相关知识
   - （1）了解货币及货币的使用
   - （2）了解汇率、固定汇率和浮动汇率
   - （3）了解汇率变动的原因及影响
2. 掌握相关专业词汇
3. 掌握下列常用表达式
   - （1）随着……，……
   - （2）之所以……，是因为……

热身 Warming up

1. 看下面的图片，说出它们分别是哪个国家或地区使用的货币。

2. 在上海工作的美国人马克打算在中国买一辆人民币十五万元左右的汽车，但他只有美元，他应该怎么办？

略读 Skimming

快速阅读课文，回答下面几个问题
Read the text quickly and answer the following questions.

1. 一种货币只可以在一个国家使用吗？
2. 为什么要规定货币之间的兑换率？
3. 你觉得汇率变动对你的生活会有什么影响？

课文 Text

货币与汇率

1　随着商品交换的发展，出现了货币，它也是一种特殊商品。一般来说，一个国家使用一种货币，不过也有例外的情况，如欧元在欧元区国家就可以通用。中国使用的货币是人民币，由国家银行——中国人民银行发行。但是在对外贸易中，中外双方通常不是用人民币，而是用美元、欧元、日元等国际通行的货币进行结算的。

2　因为世界各国货币的名字不同、购买力也不同，所以要规定一个兑换率，即一个国家货币兑换其他国家货币的比率，也叫汇

---

1. 汇率　huìlǜ　名　exchange rate
2. 例外　lìwài　名　exception
3. 通用　tōngyòng　动　be in common use
4. 由　yóu　介　by
5. 发行　fāxíng　动　issue
6. 通行　tōngxíng　动　be in common use
7. 进行　jìnxíng　动　conduct, carry on, carry out
8. 兑换　duìhuàn　动　exchange
9. 比率　bǐlǜ　名　ratio

率。汇率可以分为固定汇率和浮动汇率。固定汇率是由政府制定和公布的，并且只能在规定的范围里波动的汇率，而浮动汇率是随着市场供求关系自由波动的汇率，一般认为浮动汇率最理想。

3　　汇率的变动是指货币对外价值的上下波动，包括货币贬值和货币升值。汇率的变动对一个国家的物价水平、进出口贸易、国内资本的流动、金融资产的选择以及人们的就业、旅游等都有重要的作用和影响。而汇率之所以会发生变动，主要是因为受到国际收支状况以及各国通货膨胀率、经济增长率、利率差异等因素的影响。

10. 固定汇率　gùdìng huìlǜ　immobile exchange rate
11. 浮动汇率　fúdòng huìlǜ　unsteady exchange rate
12. 公布　gōngbù　动　announce
13. 波动　bōdòng　动　rise and fall
14. 供求　gōngqiú　名　supply and demand
15. 变动　biàndòng　动　change
16. 升值　shēngzhí　动　(upward) revalue
17. 进出口　jìn-chūkǒu　动　import and export
18. 金融资产　jīnróng zīchǎn　financial capital fund
19. 就业　jiù yè　动　get a job
20. 收支　shōuzhī　名　income and expenses
21. 利率　lìlǜ　名　interest rate

学习普通词语　Learning common words

一 读词语，写拼音，连英文

Read the following words, write down their *pinyin* and then match them with their English meanings.

例外	lìwài	by
通用	_____	be in common use
由	_____	conduct, carry on, carry out
通行	_____	exception
进行	_____	be in common use

公布	_____	change
波动	_____	get a job
变动	_____	difference
就业	_____	announce
差异	_____	rise and fall

二 词语扩展 Word expansion

1. 例外　　一个例外　　　　有例外　　　　例外的情况
2. 通用　　通用的货币　　　通用的文字　　世界通用
3. 由　　　由他决定　　　　由我介绍　　　由公司解决
4. 通行　　禁止通行　　　　全国通行　　　通行证
5. 进行　　进行讨论　　　　进行买卖　　　正在进行
6. 公布　　公布成绩　　　　公布情况　　　首次公布
7. 波动　　物价波动　　　　情绪波动　　　大幅度的波动
8. 变动　　工作变动　　　　变动计划　　　发生变动
9. 就业　　就业信息　　　　就业率　　　　就业人数
10. 差异　　气候差异　　　　文化差异　　　差异很大

三 选词填空 Fill in the blanks with the given words.

> 就业　例外　公布　差异　通行　变动　由　进行

1. 不是所有的货币都可以在世界各国（　　　）的。
2. 冬季是旅游业的淡季，连黄山也不（　　　）。
3. 个人消费水平的高低常常（　　　）人们的收入来决定。
4. 今天下午三点，总经理将向大家（　　　）这次商业谈判的结果。
5. 最近国际油价的（　　　）在很大程度上影响了国内的油价。
6. 因为这几年全球经济不好，所以很多国家的（　　　）率都降低了。
7. GDP和GNP的（　　　）是：前者是国内生产总值，后者是国民生产总值。
8. 一件产品在销售的时候，企业会给它定一个价格，这个价格是企业对成本和利润（　　　）计算以后得到的。

学习常用表达式
Learning useful expressions

一、随着……，……

1. 根据提示和示例，体会"随着……，……"在什么情况下使用

   Learn the usage of "随着……，……" with the help of the hints and examples.

   （1）提示：社会不断发展，同时，人民生活水平也提高了。

   　　示例：**随着**社会的发展，人民生活水平也在提高。

   （2）提示：学习内容增加或者减少，同时，学生的压力也变化了。

   　　示例：学生的压力**随着**学习内容的增减而变化。

2. 用"随着……，……"改写下面的句子

   Rewrite the following sentences with "随着……，……".

   （1）人们生活水平提高了，同时，大家对汽车的需求也越来越大。

   _____。

   （2）黄豆的价格或高或低，同时，黄豆的消费量也发生了变化。

   _____。

   （3）经济发展了，精神文化需求增加了，同时，艺术品市场也得到了发展。

   _____。

   （4）世界经济形势在好转，同时，我国产品出口也迎来了春天。

   _____。

3. 用下面的词语组成正确的句子

   Combine the following words and phrases into sentences.

   （1）中国经济的发展　随着　发生　也在　人们的生活方式　变化

   _____。

   （2）贸易量　而　增加　蒙古国和中国之间的　交通状况的改善　随着

   _____。

（3）在　经济联系　跨国公司的不断建立　世界各国的　随着　不断加强

_____。

（4）就业发展　留在武汉　选择　武汉经济快速的发展
越来越多大学毕业生　随着

_____。

二　之所以……，是因为……

1. 根据提示和示例，体会"之所以……，是因为……"在什么情况下使用
Learn the usage of "之所以……，是因为……" with the help of the hints and examples.

（1）提示：因为他们对中国文化感兴趣，所以来中国学习。
示例：他们**之所以**来中国学习，**是因为**他们对中国文化感兴趣。

（2）提示：由于人们的可支配收入多了，因此消费水平也提高了。
示例：人们的消费水平**之所以**提高了，**是因为**可支配收入多了。

2. 用"之所以……，是因为……"改写下面的句子
Rewrite the following sentences with "之所以……，是因为……".

（1）由于市场上供大于求，所以生产者会主动降低商品价格。

_____。

（2）人们相信未来的收入会增加，就会预支将来的收入。

_____。

（3）贸易顺差可以推动经济增长，增加就业，所以各国都在追求贸易顺差。

_____。

（4）因为不同的商品，价值也不同，因此商场里各种商品的价格不一样。

_____。

3. 用"之所以……，是因为……"将上下两部分连接成正确的句子

Combine the two parts in each group into a sentence with "之所以……，是因为……".

（1）① 企业想办法降低成本
　　　② 获得更多的利润
　　　_____。

（2）① 生产者卖不出去商品
　　　② 生产者减少生产
　　　_____。

（3）① 收入增加后食物需求基本满足了
　　　② 消费的重心向穿、用等其他方面转移
　　　_____。

（4）① 缺少竞争压力和发展动力
　　　② 垄断行业的服务质量往往不好
　　　_____。

学习专业词语　Learning specialized terms

一　读词语，写拼音，连英文

Read the following words and phrases, write down their *pinyin* and then match them with their English meanings.

发行	fāxíng	immobile exchange rate
兑换	_____	exchange rate
比率	_____	supply and demand
汇率	_____	ratio
固定汇率	_____	unsteady exchange rate
浮动汇率	_____	exchange
供求	_____	issue

升值 _____ import and export
进出口 _____ income and expenses
金融资产 _____ (upward) revalue
收支 _____ interest rate
利率 _____ financial capital fund

二 词语扩展 Word expansion

例如：货币（国际通行的货币）（发行货币）
1. 兑换（　　）（　　）　　2. 汇率（　　）（　　）
3. 供求（　　）（　　）　　4. 收支（　　）（　　）

三 把下面的专业词语和它的意思连接起来
Match the following terms with their meanings.

汇率　　　　利息和本金的比率

利率　　　　一国货币兑换另一国货币的比率

固定汇率　　单位或个人所拥有的以价值形态存在的资产，是实物资产的对称

金融资产　　由政府制定和公布的，并且只能在规定的范围内波动的汇率

四 选词填空 Fill in the blanks with the given words.

发行　供求　汇率　收支　升值　进出口

1. 2010年广州市外贸（　　）总量超过千亿美元，比2009年增长了35%。
2. 这款邮票（　　）于1980年，那一年是非常幸运的60年一遇的"金猴"年。
3. 受欧元对人民币（　　）下跌的影响，去欧洲留学费用也将有所下调。
4. 市场上商品的（　　）情况常常决定其价格。
5. 这幅画儿是一位很有名的画家的作品，你收藏吧，一定有（　　）空间。
6. 为了了解家庭的（　　）情况，这对夫妻详细地记录了他们的收入和每天的消费情况。

第十四课 货币与汇率 177

五 参照英语翻译，用汉语解释下列专业词语
Explain the following terms in Chinese with the help of their English translations.

1. 本金　běnjīn　seed capital

   _____

2. 滞胀　zhìzhàng　stagflation

   _____

3. 等价物　děngjiàwù　equivalent

   _____

4. 资金回笼　zījīn huílóng　withdrawal of funds

   _____

5. 货币紧缩　huòbì jǐnsuō　monetary tightening

   _____

6. 货币资本　huòbì zīběn　money capital

   _____

学习课文 Learning the text

一 朗读课文第1段，然后判断下面的句子对不对，对的画√，错的画×
Read Paragraph 1 of the text and decide whether the following sentences are true (√) or false (×).

1. 货币是一种特殊的商品。　　　　　　　　　（　　）
2. 欧元在欧洲所有国家都可以通用。　　　　　（　　）
3. 人民币由中国人民银行发行。　　　　　　　（　　）
4. 人民币是国际通行的货币。　　　　　　　　（　　）

二 朗读课文第2段，做下面的练习
Read Paragraph 2 and do the following exercises.

1. 把下面的专业词语和它的意思连接起来

   Match the following terms with their meanings.

   汇率　　　　随着市场供求关系自由波动的汇率

   固定汇率　　由政府制定和公布的，并且只能在规定的范围里波动的汇率

   浮动汇率　　一个国家的货币兑换其他国家货币的比率

2. 完成下面的选择填空练习　Choose the correct answers to fill in the blanks.

   （1）兑换率，（　　）一个国家货币兑换其他国家货币的比率，也叫汇率。

   　　A. 就　　　　B. 即　　　　C. 又　　　　D. 出

   （2）汇率可以（　　）固定汇率和浮动汇率。

   　　A. 分为　　　B. 作为　　　C. 具有　　　D. 含有

   （3）固定汇率是（　　）政府制定和公布的。

   　　A. 因为　　　B. 根据　　　C. 从　　　　D. 由

三 朗读课文第3段，完成下面的选择填空练习
Read Pararaph 3 and choose the correct answers.

1. 汇率的变动对一个国家的哪方面没有影响？（　　）

   　　A. 进出口贸易　　　B. 国内资本的流动

   　　C. 人们的就业　　　D. 气候的变化

2. 关于汇率发生变动的原因，下面哪一项没有提到？（　　）

   　　A. 通货膨胀率　　　B. 国际收支状况

   　　C. 人口出生率　　　D. 利率差异

四 回忆课文，根据课文内容填空　Fill in the blanks according to the text.

汇率，即一个国家货币兑换其他国家货币的（　　　　）。汇率可以分为（　　　　）汇率和浮动汇率，一般认为浮动汇率最理想。汇率的（　　　　）是指货币对外价值的上下波动，它受到国际收支状况以及各国通货膨胀率、经济增长率、利率差异等因素的（　　　　）。

五 完整阅读课文，完成下面的练习
Read the whole text and do the following exercises.

1. 概括段落大意　Summarize the general meaning of each paragraph.

段落	段落大意
第1段	
第2段	
第3段	

2. 根据下面表格的提示，复述课文

Retell the text based on the hints in the table below.

段落	连接方法	关键词语
第1段	随着……　一般来说 不是……，而是……	发行　货币　通用　结算
第2段	并且　……即…… 由于……，所以…… ……分为……	比率　汇率　波动　固定汇率 浮动汇率
第3段	对……有作用和影响 之所以……，是因为……	进出口　贬值　升值　利率　汇率的变动　金融资产　就业

阅读与讨论　Reading and discussion

汇率变动，留学"几家高兴几家愁"

说起汇率，千万别以为它离我们的生活很远。汇率出现波动了，对于想送孩子出国留学的中国家长们来说，可以说是个值得注意的消息。去美国读本科，留学

> 1. 愁　chóu　动　worry
> 2. 家长　jiāzhǎng　名　parent or guardian of a child

的总体费用大概在20~25万元人民币，而且这个费用每年都在增长，增幅差不多在5%~10%。但是近年来由于美元兑换人民币的贬值，使得美国的留学费用总体上下降很多。和去美国留学费用的降低相比，最近留学澳大利亚因澳元兑换人民币的贬值而出现了"被涨价"。

> 3. 千万　qiānwàn　副　be sure to
> 4. 本科　běnkē　名　regular college course
> 5. 总体　zǒngtǐ　名　overall, total
> 6. 使得　shǐde　动　lead to, cause

■ 阅读短文，思考并回答下面的问题
Read the passage, think about the following questions and answer them.
1. 去美国读本科，留学的总体费用大概是多少？
2. 为什么现在去美国的留学费用总体上下降了？
3. 在"最近留学澳洲因澳元兑换人民币的贬值而出现了'被涨价'"一句中，"被涨价"是什么意思？

■ 讨论与表达　Discussion and expression
1. 小组讨论　Group discussion
（1）对于想送孩子出国留学的中国家长们来说，为什么说汇率出现波动是个值得注意的消息？
（2）去年1澳元兑换4.2元人民币，现在1澳元兑换6.3元人民币。去年普通本科生在澳洲的留学费用大约15万元人民币左右，今年大概需要多付多少钱？
（3）如果你是个即将出国留学的学生，在选择留学的国家时，你会考虑汇率变动这个因素吗？为什么？
2. 根据下面的提示词语，说一说你们小组对上面几个问题的看法
Present your group's viewpoint on the questions above using the following words and expressions.

提示词语：汇率变动　之所以……是因为……　兑换　贬值　升值
　　　　　留学费用　随着……，……　并且　增长　下降

扩展阅读 Extensive reading

汇率改革和人民币升值

2005年7月21日，中国开始了人民币汇率改革。改革以来，人民币对世界其他主要货币升值明显。到2011年2月25日，人民币对美元的汇率，由汇率改革前的1美元对人民币8.2765元，变成1美元对人民币6.5720元的汇率中间价。五年多来，人民币相对于美元累计升值25.94%，并带动了人民币对其他主要非美元货币汇率的走高。

人民币汇率改革对中国经济的健康发展起到了非常重要的作用，也影响着中国人的生活。人民币升值后，进口消费品的价格降低，到国外旅游、留学比以前便宜。人们的实际消费能力和消费水平也比以前增强。

另一方面，因为人民币升值会带来出口收入减少、利润及竞争力下降等坏处，让中国一些出口企业订单数量、利润都会下降。一些靠低成本竞争，技术含量低、高污染、高耗能的中小企业，慢慢失去了竞争资本，被挤出市场。而对人民币持续升值的预期让国外热钱继续大量进入，进一步抬高国内资产价格，形成通货膨胀和泡沫经济。因此，人民币升值不能过快、过多。

1. 改革　gǎigé　动　reform
2. 汇率中间价　huìlǜ zhōngjiānjià　central parity rate
3. 累计　lěijì　动　add up
4. 走高　zǒugāo　动　rise
5. 含量　hánliàng　名　content
6. 耗能　hàonéng　动　consume energy
7. 热钱　rèqián　名　hot money
8. 泡沫经济　pàomò jīngjì　bubble economy

■ 根据短文回答问题 Answer the questions according to the passage.

1. 汇率改革以来，人民币对世界其他主要货币有了怎样的影响？
2. 人民币汇率改革对中国人的生活起到了哪些积极的影响？
3. 人民币升值会带来什么坏处？

■ 比较人民币外汇牌价，回答问题

Compare the exchange rate quotations and answer the following questions.

A

货币名称	现汇买入价	现钞买入价	卖出价	折算价	时间
英镑	1151.93	1127.64	1161.18	1156.71	2009.08.04
美元	681.63	676.17	684.37	683.03	2009.08.04
瑞士法郎	639.44	625.96	644.58	643.99	2009.08.04
日元	7.1811	7.0297	7.2388	7.1728	2009.08.04
加拿大元	637.46	624.02	642.58	640.88	2009.08.04
澳大利亚元	571.32	559.28	575.91	576.56	2009.08.04
欧元	978.46	957.83	986.32	983.15	2009.08.04

B

货币名称	现汇买入价	现钞买入价	卖出价	折算价	时间
英镑	1076.31	1043.08	1084.95	1079.44	2010.08.04
美元	675.95	670.53	678.65	677.15	2010.08.04
瑞士法郎	648.83	628.8	654.04	651.89	2010.08.04
日元	7.8853	7.6419	7.9487	7.9069	2010.08.04
加拿大元	658.78	638.44	664.07	661.44	2010.08.04
澳大利亚元	616.07	597.05	621.02	618.73	2010.08.04
欧元	892.38	864.83	899.55	895.19	2010.08.04

1. 通过以上A和B两天的汇率，我们可以了解到什么？
2. 如果你想用人民币买东西，你会选择什么时候？为什么？

第十五课 Lesson 15

保 险
Insurance

> **学习目标 Learning objectives**
>
> 1. 通过课文的学习，了解保险及其基本功能
>   （1）了解保险是什么
>   （2）了解保险的种类及其作用
>   （3）了解保险的基本功能
> 2. 掌握相关专业词汇
> 3. 掌握下列常用表达式
>   （1）以……为……
>   （2）一旦……就……

热身 Warming up

1. 人的一生中会遇到各种危险和伤害，怎么能减少损失呢？
2. 人难免生病，怎么能减少医药费支出呢？

略读 Skimming

读一读下面的课文，看下面的句子对不对，对的画√，错的画×

Read the text and decide whether the following sentences are true (√) or false (×).

1. 保险是一种经济行为，不是法律行为。　　（　　）
2. 保险人就是买保险的人。　　（　　）
3. 被保险人和投保人是同一个人。　　（　　）
4. 一个人损失什么，保险公司就赔偿什么。　　（　　）

课文 Text

保 险

1　人的一生难免会生病，受伤，遇到各种各样的危险灾害，免不了会失去一些财产，如果我们提前买一份保险，虽然避免不了损失，但是一旦出事就可以得到相应的经济补偿。所谓保险，是一种经济和法律行为：通过制定合同，由投保人向保险人支付保险费，那么自然灾害或意外事故造成的损失就由保险人承担赔偿保险金。

2　保险合同非常重要，保险人和投保人会根据需要签订相关合同，合同的内容包括：保险人和被保险人、保险标的、保险责任、合同生效日期、合同有效期等。保险人一般是保险公司。保险标的就是保险的对象，包括财产及相关利益、人的寿命和身体。

3　按照保险标的，保险可以分为财产保险和人寿保险。财产保险的标的是财产及其相关利

1. 保险	bǎoxiǎn	名	insurance
2. 难免	nánmiǎn	形	hard to avoid
3. 免不了	miǎnbuliǎo	动	be unavoidable
4. 财产	cáichǎn	名	property
5. 所谓	suǒwèi	形	so-called
6. 合同	hétong	名	contract
7. 投保	tóubǎo	动	insure
8. 支付	zhīfù	动	pay (money)
9. 造成	zàochéng	动	bring about, cause
10. 承担	chéngdān	动	bear, undertake
11. 赔偿	péicháng	动	compensate for
12. 签订	qiāndìng	动	sign
13. 标的	biāodì	名	object, target
14. 责任	zérèn	名	responsibility
15. 生效	shēngxiào	动	go into effect, become effective
16. 有效	yǒuxiào	动	effective, valid
17. 寿命	shòumìng	名	life
18. 人寿保险	rénshòu bǎoxiǎn		life insurance

益，当投保的财产及相关利益受到损害时，由保险人承担赔偿责任。财产保险中的风险是自然灾害或意外事故。人寿保险的标的是人的寿命和身体，当被保险人死亡、伤残、疾病或者达到合同约定的年龄、期限时，保险人承担给付保险金的责任。人寿保险中的风险是死亡、年老、伤残、疾病等。

19. 疾病	jíbìng	名	disease, illness
20. 约定	yuēdìng	动	agree on, appoint
21. 期限	qīxiàn	名	deadline, time limit
22. 给付	jǐfù	动	give, pay

4　保险的基本功能是经济补偿功能。保险人对在灾害或事故中的损失进行赔偿，这种赔偿不是赔偿实物，而是进行货币补偿。因而，意外事故造成的损失必须是能计算价值的。在人寿保险中，寿命或身体本身无法计算价值，这时，以人的劳动为计算价值的根据。意外或事故等造成劳动力的丧失，这会带来经济上的负担，保险人所要补偿的就是这种经济上的负担。

23. 实物	shíwù	名	material object
24. 本身	běnshēn	代	itself
25. 劳动力	láodònglì	名	labor force
26. 丧失	sàngshī	动	lose
27. 负担	fùdān	名	burden

学习普通词语 | Learning common words

一、读词语，写拼音，连英文

Read the following words, write down their *pinyin* and then match them with their English meanings.

词语	拼音	英文
制定	zhìdìng	sign
支付	_____	bring about, cause
造成	_____	draw up, formulate
承担	_____	time limit, deadline
赔偿	_____	pay (money)
签订	_____	effective, valid
有效	_____	compensate for
疾病	_____	bear, undertake
期限	_____	disease, illness
丧失	_____	burden
负担	_____	lose

二、词语扩展 Word expansion

1. 灾害	自然灾害	气象灾害	预防灾害
2. 损失	损失巨大	赔偿损失	损失五千万
3. 制定	制定合同	制定政策	制定规则
4. 造成	造成损失	造成影响	造成伤害
5. 承担	承担责任	承担义务	承担费用
6. 赔偿	赔偿损失	赔偿标准	获得赔偿
7. 有效	有效期	有效措施	有效的方法
8. 利益	公共利益	长远利益	眼前利益
9. 疾病	控制疾病	预防疾病	治疗疾病
10. 期限	延长期限	超过期限	使用期限
11. 丧失	丧失机会	丧失优势	丧失能力
12. 负担	负担很重	减轻负担	家庭负担

选词填空 Fill in the blanks with the given words.

> 灾害　损失　造成　支付　有效　疾病　期限　功能　丧失　赔偿

1. 连续几天的大雨（　　　）道路交通拥堵，人们出行十分不便。
2. 明天就是最后（　　　），明天下班前一定要把工作完成。
3. 随着医疗水平的提高，很多种（　　　）都得到了有效的控制。
4. 一次又一次的欺骗使他（　　　）了妻子对他的信任。
5. 国家计划在西部沙漠地带植树种林，以抵制各种气象（　　　）。
6. 在下班路上遇到事故，应该找谁要求（　　　）？
7. 锻炼是一种（　　　）的强身健体方法。
8. 这款学习机是一款多（　　　）学习机，不过价格也相对偏高。
9. 如今的房地产价格已远远超出了普通居民的（　　　）能力。
10. 前天的那场大火造成的直接经济（　　　）是五百万元。

学习常用表达式
Learning useful expressions

以……为……

1. 根据提示和示例，体会"以……为……"在什么情况下使用

   Learn the usage of "以……为……" with the help of the hints and examples.

   （1）提示：他一直把锻炼自己作为参加比赛的目的。

   　　　示例：他一直**以**锻炼自己**为**参加比赛的目的。

   （2）提示：这是一个把客户作为中心的设计。

   　　　示例：这是一个**以**客户**为**中心的设计。

2. 用"以……为……"改写下面的句子

Rewrite the following sentences with "以……为……".

（1）妈妈喜欢把我作为她的骄傲。

　　_____

（2）小王把工作作为主要的事情。

　　_____

（3）这家公司的设计一直坚持把人作为最根本的标准。

　　_____

（4）我们应该把公司公布的成绩作为最准确的结果。

　　_____

3. 用"以……为……"说两个句子

Make two sentences with "以……为……".

（1）_____

（2）_____

二 一旦……，就……

1. 根据提示和示例，体会"一旦……，就……"在什么情况下使用

Learn the usage of "一旦……，就……" with the help of the hints and examples.

（1）提示：鱼如果离开水，就会死。

　　　示例：鱼**一旦**离开水，**就**会死。

（2）提示：如果遇到危险，后果将非常严重。

　　　示例：**一旦**遇到危险，后果**就**将非常严重。

2. 用"一旦……,就……"将上下两部分连接成正确的句子

Combine the two parts in each group into a sentence with "一旦……,就……".

(1) ① 他发现了问题的原因
　　② 解决问题

　　_____

(2) ① 失去信心
　　② 不能做好工作

　　_____

(3) ① 设计出了一点儿问题
　　② 带来严重的损失

　　_____

(4) ① 发生事故
　　② 马上与交通警察联系

　　_____

3. 用"一旦……,就……"说两个句子

Make two sentences with "一旦……,就……".

(1) _____

(2) _____

学习专业词语 Learning specialized terms

一 读词语,写拼音,连英文

Read the following words and phrases, write down their *pinyin* and then match them with their English meanings.

保险	bǎoxiǎn	insurance applicant
经济补偿	_____	insured liability
保险合同	_____	insurer
投保人	_____	economic compensations
保险人	_____	object of insurance
保险费	_____	insurance
保险金	_____	property insurance
合同有效期	_____	duration of contract
被保险人	_____	insurance expenses
保险标的	_____	the insured
保险责任	_____	insurance contract
财产保险	_____	insurance money

二 词语扩展 Word expansion

例如:产品(社会产品)(农业产品)

1. 保险(　　　　)(　　　　)　　2. 补偿(　　　　)(　　　　)
3. 合同(　　　　)(　　　　)

三 把下面的专业词语和它的意思连接起来

Match the following terms with their meanings.

投保人　　　　　与投保人订立保险合同并承担赔偿或者给付保险金责任的保险公司

保险人　　　　　保险人承担的经济损失补偿或人身保险金给付的责任

保险标的　　　　与保险人订立保险合同,并按照保险合同负有支付保险费义务的人

保险责任　　　　保险的对象,包括财产及其相关利益、人的寿命和身体

四 **选词填空** Fill in the blanks with the given words or phrases.

> 经济补偿 有效期 生效 保险金 投保 合同

1. 这个规定从明天开始（　　　），请大家一定要注意遵守。
2. 在你通过了面试进入公司以前，公司会和你签订一份劳动（　　　）。
3. （　　　）是保险人根据保险合同的约定，对被保险人或者受益人进行给付的金额；或者当保险事故发生时，对物质损失进行赔偿的金额。
4. 对不起，您这张信用卡已经超过（　　　）了，刷不了。请您换张卡，好吗？
5. 他在事故中受伤了，得到了对方一定的（　　　）。
6. 汽车买回来之后要及时去保险公司办理（　　　）手续。

五 **参照英语翻译，用汉语解释下列专业词语**

Explain the terms in Chinese with the help of their English translations.

1. 受益人　shòuyìrén　beneficiary

   _____

2. 商业保险　shāngyè bǎoxiǎn　commercial insurance

   _____

3. 交强险　jiāoqiángxiǎn　compulsory traffic accident liability insurance

   _____

4. 保险费率　bǎoxiǎn fèilǜ　premium rate

   _____

5. 保险理赔　bǎoxiǎn lǐpéi　insurance claim settlement

   _____

6. 养老保险　yǎnglǎo bǎoxiǎn　endowment insurance

   _____

学习课文 Learning the text

一 朗读课文第1段，然后判断下面的句子对不对，对的画√，错的画×

Read Paragraph 1 of the text and decide whether the following sentences are true (√) or false (×).

1. 有了保险，就能避免损失。　　　　　　　　　　　　　（　　）
2. 保险人向投保人支付保险费。　　　　　　　　　　　　（　　）
3. 保险金由投保人承担。　　　　　　　　　　　　　　　（　　）
4. 保险是一种经济行为，不是一种法律行为。　　　　　　（　　）
5. 买了保险，损失什么都能得到什么补偿。　　　　　　　（　　）

二 朗读课文第2段，根据下面的保险单填空

Read Paragraph 2 and fill in the blanks according to the insurance policy below.

个人人身意外伤害保险保险单

投保人	王明	承保险别	综合意外险			
被保险人姓名	王明	性别	男	年龄	42	职业	教师
家庭住址	江苏省南京市鼓楼区xx路白云小区4栋223					
健康状况	良好					
受益人姓名及称谓	王小白　　儿子					
保险金额	10万元					
附加医疗费	1万元					
保险费率	每千元保险金额　元　角　附加医疗险每千元　元　角					
保险费合计	人民币（大写）壹佰柒拾玖圆整					
保险储金金额	按第　　档次每千元保险金额储金 总计：人民币（大写）					
保险期限	一年					
备注		保险公司签章： 中国平安保险公司 　　　　　　　2011年 2月 15日				

签章：　　　　　　　复核：

1. 这份保险合同的投保人是_____。

2. 被保险人是_____，保险人是_____。

3. 保险费是_____元。

4. 保险标的是_____。

5. 如果王明在2012年3月1日出了车祸，请问保险公司需要给王明赔偿金吗？

三 朗读课文第3段，根据课文内容完成材料中的句子
Read Paragraph 3 and complete the sentences according to the materials.

材料一：

小张几年前买了一套新房子，今天4月向平安保险公司购买了一份房屋保险，为期一年。今年6月，小张的房子因为火灾被损毁，平安保险公司根据合同向其支付了一定数额的赔偿金。

在这个事件中，保险标的是_____，保险中的风险是_____，保险人是_____。

材料二：

王小风十一期间出去旅游，结果由于意外，摔伤了左腿，在医院住了好几天，还花费了不少医药费。幸好在旅游之前，他购买了一份自助游保险，虽然遭受的痛苦不可避免，但是医药费就不用他太操心了。

在这个事件中，保险标的是_____，保险中的风险是_____，被保险人是_____。

四 朗读课文第4段，根据课文内容填空
Read Paragraph 4 and fill in the blanks according to the text.

保险的基本功能是（　　　　　　）。保险人在对意外或事故造成的损失进行补偿的时候，补偿的不是（　　　　　　），而是进行（　　　　　　）补偿。例如，在人寿保险中，如果人的（　　　　　　）在意外或事故中受到伤害，从而导致劳动力丧失，那么保险人要补偿的就是（　　　　　　）的丧失。

五 完整阅读课文，完成下面的练习
Read the whole text and do the following exercises.

1. 概括段落大意　Summarize the general meaning of each paragraph.

段落	段落大意
第1段	
第2段	
第3段	
第4段	

2. 根据下面表格的提示，复述课文

Retell the text based on the hints in the table below.

段落	句子连接方法	关键词语
第1段	所谓……，是…… ……，那么……	保险　经济和法律行为　合同 保险费　损失　保险金
第2段	……包括…… ……就是……，包括……	保险合同　内容　保险人 保险标的
第3段	按照……，……可以分为…… 当……时，……	保险标的　财产保险　人寿保险 财产　风险　寿命和身体　风险
第4段	不是……，而是…… ……，因而……	保险的基本功能　货币补偿 劳动

阅读与讨论　Reading and discussion

小王该买哪些保险

小王在一家旅行社工作，因为工作的原因，经常要坐飞机、长途汽车出门。小王的妻子在一家外贸公司上班，工作不

> 1. 恶性肿瘤　èxìng zhǒngliú　malignant tumor, cancer

是很稳定。小王的爸爸妈妈现在还比较年轻，还不到50岁，但是小王也担心他们，因为父母是农民，如果生病，就得花不少钱。为了保证一家人的安全，小王想到了买保险。可是小王该买什么保险呢？保险公司的职员给他介绍了下面几种保险，你能帮小王出出主意吗？

　　1. 意外伤害保险。以被保险人的身体作为保险标的，以被保险人因遭受意外伤害而造成的死亡、残疾、医疗费用支出或暂时丧失劳动能力为给付保险金条件的保险。

　　2. 重大疾病保险。指由保险公司经办的以特定重大疾病，如恶性肿瘤、心肌梗死、脑溢血等为保险对象，当被保人患有上述疾病时，由保险公司对所花医疗费用给予适当补偿的商业保险行为。

　　3. 少儿险。以未成年人作为被保险人的保险。可以分为三类：少儿意外伤害险、少儿健康医疗险及少儿教育储蓄险，这也是根据孩子面临的三大风险来定的。

2. 心肌梗死　xīnjī gěngsǐ　myocardial infarction

3. 脑溢血　nǎoyìxuè　名　cerebral hemorrhage

4. 上述　shàngshù　形　above-mentioned

一　阅读短文，思考并回答下面的问题

Read the passage, think about the following questions and answer them.

1. 小王为什么想买保险？

2. 小王应该给家人买哪些保险？保险标的是什么？

二　讨论与表达　Discussion and expression

1. 小组讨论　Group discussion

（1）除了上面这些保险以外，你还知道哪些保险？

（2）虽然每年要付出很多保险金，但是大多数保险公司是有利润的，你认为保险公司的利润从哪里来？

2. 运用下面的提示词语，说一说你们小组关于对保险的看法

Present your group's viewpoint on insurance using the following words.

提示词语：保险　赔偿　投保　造成　支付
　　　　　损害　有效　疾病　负担

扩展阅读　Extensive reading

汽车保险

买了一辆汽车，最好也买份汽车保险。汽车保险，是指对机动车辆由于自然灾害或意外事故所造成的人身伤亡或财产损失负赔偿责任的一种商业保险。汽车保险的品种很多，下面我们一起来看看。机动车辆保险是不定值保险，包括基本险和附加险，其中附加险不能独立保险，必须在先购买基本险的基础上购买。基本险包括：交强险、第三者责任险（三责险）、车辆损失险（车损险）。附加险包括车上责任险、无过失责任险、车载货物掉落责任险等等。

交强险

机动车交通事故责任强制保险（简称"交强险"）是被保险车辆发生交通事故造成受害人（不包括本车人员和被保险人）伤亡、财产损失，由保险公司进行赔偿，赔偿有一定的赔偿限额。

机动车在道路交通事故中有责任的赔偿限额：

■死亡伤残赔偿限额：110000元人民币

■医疗费用赔偿限额：10000元人民币

■财产损失赔偿限额：2000元人民币

机动车在道路交通事故中无责任的赔偿限额：

---

1. 机动车辆　jīdòng chēliàng　motor vehicle

2. 不定值　búdìngzhí　名　underrange

3. 附加　fùjiā　动　be additional

4. 过失　guòshī　名　fault

5. 载　zài　动　load, carry

- 死亡伤残赔偿限额：11000元人民币
- 医疗费用赔偿限额：1000元人民币
- 财产损失赔偿限额：100元人民币

交强险是强制性险种，车辆必须购买才能上路行驶，而且在发生第三者损失需要理赔时，必须先赔付交强险再赔付其他险种。

第三者责任险

在保险期限内，被保险人或其允许的合法驾驶人在使用被保险机动车过程中发生意外事故，使第三者遭受人身伤亡或财产直接损坏，按照法律应当由被保险人承担的损害赔偿责任，保险人按照保险合同约定，对于超过交强险各分项赔偿限额以上的部分负责赔偿。

机动车车上人员责任险

保险期间内，被保险人或其允许的合法驾驶人在使用被保险车辆过程中发生意外事故，造成车上人员伤亡，依法应当由被保险人承担的损害赔偿责任，保险人依照本保险合同的约定负责赔偿。

无过失责任险

投保车辆在使用过程中，因与非机动车辆、行人发生交通事故，造成对方人员伤亡和直接财产损毁，保险车辆一方无过失，保险车辆一方不承担赔偿责任。如被保险人拒绝赔偿没有成功，对被保险人已经支付给对方又无法追回的费用，保险公司按相关规定或标准进行赔偿。

6. 理赔　lǐpéi　动　settle claims
7. 强制性　qiángzhìxìng　形　mandatory
8. 限额　xiàn'é　名　limit, quota
9. 合法　héfǎ　形　legal
10. 驾驶人　jiàshǐrén　名　driver
11. 损毁　sǔnhuǐ　动　damage

根据短文回答问题 Answer the questions according to the passage.

1. 王先生今年买了一辆新车，你觉得他应该买哪些保险？
2. 王先生的车意外撞上了另一辆车，双方都无过错，对方受伤住院花了8000元钱，王先生受伤花了6000元医疗费，请问这些医疗费应该由谁出？

3. 如果一个有驾照的人开着王先生的车出事故受伤，在什么情况下，这个人的医疗费会由保险公司负担？

4. 王先生开车撞到了一个闯红灯的路人，路人向他索要500元钱，王先生无法拒绝，于是给了他500元钱。请问在什么情况下，保险公司会负担这笔钱？

第十六课 广告与营销
Lesson 16　Advertising and Marketing

学习目标 Learning objectives

1. 通过课文的学习，了解收入与消费的基本关系
   - （1）了解市场营销的作用
   - （2）了解企业市场营销常用的策略
   - （3）了解广告的功能
2. 掌握相关专业词汇
3. 掌握下列常用表达式
   - （1）……是……之一
   - （2）……则……

热身 Warming up

1. 如果你是一家牛奶公司的老板，想一想用什么办法可以提高销量呢？
2. 下面的图片都是什么产品的广告？你觉得这些广告哪个好？好在哪里？

略读 Skimming

读一读下面的课文，看下面的句子对不对，对的画√，错的画×
Read the text and decide whether the following sentences are true (√) or false (×).

1. 市场营销也包括经营与顾客的关系。　　　　　　（　）
2. 市场营销需要对目前的市场进行调查分析。　　　（　）
3. 好的广告可以提高企业知名度。　　　　　　　　（　）
4. 广告要根据消费者不同而有所不同。　　　　　　（　）

课文 Text

广告与营销

1　　企业生产产品，并将产品销售给顾客，需要对市场、顾客进行调查、分析和制订计划。这种创造、沟通与传送价值给顾客，及经营顾客关系的活动就叫做市场营销。

2　　市场营销最重要的功能就是销售商品。为了最大限度地实现这一功能，企业需要进行市场调查，分析和研究潜在的顾客和当前的市场需求，从而做出准确的市场定位。

3　　市场营销的策略主要有四种：产品策略，主要是新产品开

词语	拼音	词性	释义
1. 营销	yíngxiāo	动	market
2. 制订	zhìdìng	动	make, work out, formulate
3. 沟通	gōutōng	动	communicate
4. 传送	chuánsòng	动	convey
5. 限度	xiàndù	名	limitation
6. 潜在	qiánzài	形	potential
7. 从而	cóng'ér	连	consequently
8. 定位	dìngwèi	名	orientation
9. 策略	cèlüè	名	strategy

发，树立企业品牌形象；价格策略，主要是给产品定价、调价等；促销策略，包括品牌推广、产品展示和广告宣传等；渠道策略，即企业通过分销商将商品送达顾客手中的过程。

4 　广告是市场营销的方法之一。企业通过广告对产品进行宣传推广，吸引消费者购买，扩大产品销售量，同时提高企业的知名度和影响力。一个好的广告，首先要准确表达广告信息，其次要帮助树立品牌形象，三是能够起到吸引消费者购买的作用，最后是满足消费者的审美需求。要做到这些，就必须对消费者的情况进行研究和分析，根据不同的消费者，选择不同的广告策略。例如，女性消费者一般情感丰富，重视家庭和孩子，那么关于亲情的广告更容易打动她们；老年人的心理是希望健康长寿，那么广告则应该突出保健的功能。

5 　在现代生活中，广告已经无处不在，电视上、报纸上、广播上，甚至公车站、电影院，到处都有广告的身影。由于影响力巨大，广告在企业的市场营销中发挥着越来越重要的作用。

10. 树立	shùlì	动	set up, establish
11. 促销	cùxiāo	动	promote sales
12. 推广	tuīguǎng	动	spread, expand
13. 展示	zhǎnshì	动	show, exhibit, display
14. 渠道	qúdào	名	channel
15. 即	jí	连	namely
16. 分销	fēnxiāo	动	sales and distribution
17. 知名度	zhīmíngdù	名	popularity
18. 审美	shěnměi	动	appreciate the beautiful
19. 女性	nǚxìng	名	female
20. 情感	qínggǎn	名	emotion
21. 亲情	qīnqíng	名	affectionate feelings
22. 打动	dǎdòng	动	move, touch
23. 心理	xīnlǐ	名	psychology
24. 长寿	chángshòu	形	longevous, longlived
25. 则	zé	连	used to indicate inference
26. 突出	tūchū	动	highlight
27. 保健	bǎojiàn	动	health care
28. 无处不在	wú chù bú zài		everywhere
29. 发挥	fāhuī	动	exert, bring into play

学习普通词语 / Learning common words

一 读词语，写拼音，连英文

Read the following words and expressions, write down their *pinyin* and then match them with their English meanings.

词语	拼音	英文
制订	zhìdìng	affectionate feelings
沟通	___	make, work out, formulate
传送	___	move, touch
功能	___	female
限度	___	longevous, longlived
潜在	___	set up, establish
从而	___	consequently
树立	___	everywhere
女性	___	exert, bring into play
情感	___	health care
亲情	___	potential
打动	___	highlight
长寿	___	limitation
突出	___	function
保健	___	convey
无处不在	___	communicate
发挥	___	emotion

二 词语扩展 Word expansion

1. 制订　　制订时间表　　制订计划　　制订方案
2. 沟通　　沟通能力　　沟通技巧　　沟通想法
3. 功能　　手机的功能　　多功能　　功能强大
4. 潜在　　潜在的危险　　潜在的市场　　潜在的客户
5. 树立　　树立榜样　　树立目标　　树立信心
6. 女性　　女性朋友　　现代女性　　女性消费者

7. 打动	打动了很多人	被打动	打动心灵
8. 突出	突出重点	突出关键	成绩突出
9. 保健	保健作用	保健效果	保健方法
10. 发挥	发挥作用	发挥优势	正常发挥

二、选词填空　Fill in the blanks with the given words or expressions.

> 制订　沟通　潜在　功能　树立　无处不在　突出　发挥

1. 经过一段时间的调整，人们对经济的信心又（　　　）了起来。
2. 在进行谈判时，（　　　）技巧是非常重要的。
3. 这次展览要（　　　）"科技让生活更美好"这个主题。
4. 虽然这些人现在还不会买我们的产品，但却是我们的（　　　）客户。
5. 只要你留心，就会发现商机（　　　）。
6. 随着社会的发展，网络在人们的生活中（　　　）着越来越重要的作用。
7. 公司（　　　）了一套详细的谈判方案。
8. 现在的手机（　　　）非常多，甚至可以看电视、发邮件。

学习常用表达式
Learning useful expressions

……是……之一

1. 根据提示，体会"……是……之一"在什么情况下使用

    Learn the usage of "……是……之一" with the help of the hints and examples.

    （1）提示：中国有很多非常有影响力的作家，他是这些作家中的一个。

    示例：他是中国非常有影响力的作家之一。

    （2）提示：中国有很多有名的家电品牌，美的是其中的一个。

    示例：美的是中国著名的家电品牌之一。

2. 用 "……是……之一" 将下面的词语连接成正确的句子

Combine the words and phrases into sentences with "……是……之一".

(1) 旅游业　　最　　发展潜力　　的　　行业　　有

_____

(2) 政府　　提高　　工作目标　　人民生活水平　　的

_____

(3) 网络　　销售渠道　　将来　　会　　的　　重要

_____

(4) 最有效　　促销　　的　　营销　　手段

_____

3. 用 "……是……之一" 说两个句子

Make two sentences with "……是……之一".

(1) _____

(2) _____

二 ……则……

1. 根据提示，体会 "……则……" 在什么情况下使用

Learn the usage of "……则……" with the help of the hints and examples.

(1) 提示：棕榈油价格去年初每吨约7000元，年底就接近1万元。

示例：棕榈油价格去年初每吨约7000元，年底则接近1万元。

(2) 提示：有些是因为需求比较小，有些是由当地的特点决定的。

示例：有些是因为需求比较小，有些则是由当地的特点决定的。

2. 用 "……则……" 完成下面的句子

Complete the sentences with "……则……".

(1) 广告投入越多，_____。

(2) 公司去年的目标是将利润提高20%，_____。

(3) 近期蔬菜价格持续上涨，_____。

(4) 有的公司喜欢开发多样化的产品，_____。

3. 用"……则……"说两个句子

Make two sentences with "……则……".

（1）_____

（2）_____

学习专业词语　Learning specialized terms

一　读词语，写拼音，连英文

Read the following words and phrases, write down their *pinyin* and then match them with their English meanings.

中文	拼音	英文
营销策略	yíngxiāo cèlüè	distributors
市场定位	_____	popularity
促销	_____	products show
品牌推广	_____	marketing strategy
产品展示	_____	target group
渠道策略	_____	channel strategy
分销	_____	sales and distribution
分销商	_____	target consumer
广告宣传	_____	advertising and propaganda
知名度	_____	target market
目标消费者	_____	promote sales
目标消费群	_____	market positioning
目标市场	_____	brand promotion

二　词语扩展　Word expansion

例如：产品（社会产品）（农业产品）

1. 营销（　　　）（　　　）　　2. 定位（　　　）（　　　）

3. 策略（　　　）（　　　）　　4. 宣传（　　　）（　　　）

三 把下面的专业词语和它的意思连接起来
Match the following terms with their meanings.

营销策略　　　　企业针对潜在顾客心理进行营销设计，树立独特的形象

市场定位　　　　企业有计划地组织经营活动，为顾客提供满意的商品和服务的过程

促销　　　　　　将商品从生产者转移到消费者的活动的机构和人员

分销商　　　　　向消费者传递有关本企业及产品的各种信息，吸引消费者购买

四 选词填空　Fill in the blanks with the given words or phrases.

> 市场定位　推广　促销　品牌形象　广告宣传　知名度

1. 良好的售后服务是提升（　　　　）的重要方法之一。
2. 目前化妆品市场竞争激烈，找准自己品牌的（　　　　）是成功的关键。
3. 这家公司在全球的（　　　　）很高。
4. 节日期间，这款笔记本电脑降价（　　　　）。
5. 企业应该协助自己的经销商（　　　　）新产品。
6. 很多消费者发现，（　　　　）常常与产品的实际情况差别很大。

学习课文　Learning the text

一 朗读课文第1、2段，然后判断下面的句子对不对，对的画√，错的画×

Read Paragraphs 1 and 2 of the text and decide whether the following sentences are true (√) or false (×).

1. 市场分析和顾客分析可以帮助企业销售产品。　　　（　　）
2. 市场营销就是销售商品。　　　　　　　　　　　　（　　）
3. 不买本公司产品的顾客都是潜在顾客。　　　　　　（　　）
4. 市场定位是企业对目标消费市场的选择。　　　　　（　　）

二 **朗读课文第3段，分析下面的商业行为属于哪种营销策略**
Read Paragraph 3 and decide which marketing strategies are used in the following commercial activities.

> A. 产品策略　　B. 定价策略　　C. 促销策略　　D. 渠道策略

1. 超市里某品牌牛奶买一大瓶送一小瓶。　　　　　　　　　　（　　）
2. 春节期间某一品牌服装打折。　　　　　　　　　　　　　　（　　）
3. 某国外品牌在中国招募总代理。　　　　　　　　　　　　　（　　）
4. 某饮料公司推出一种新口味的饮料。　　　　　　　　　　　（　　）
5. 由于汇率下降，某国外品牌化妆品全面下调价格。　　　　　（　　）
6. 某品牌汽车参加广州汽车展览会活动。　　　　　　　　　　（　　）
7. 某品牌蛋糕店在南京开设直营店。　　　　　　　　　　　　（　　）
8. 某鞋类品牌拥有十几个下属品牌，价格从不到一百元到几千元不等。（　　）

三 **朗读课文第4、5段，做下面的练习**
Read Paragraphs 4 and 5 and do the following exercises.

1. 下面哪一项不是广告的功能？（　　）　Choose the correct answer.
    A. 宣传推广产品　　　　　　B. 提高企业知名度
    C. 树立品牌形象　　　　　　D. 满足消费者需求
2. 假设你是一家广告公司的设计师，请选择下面一种产品设计一则广告，请讲述你的广告内容或创意，并阐述你使用的是什么广告策略。
    Design an advertisement for one of the following products. Talk about the content of the advertisement, your original ideas and the marketing strategies you use.
    （1）洗衣粉
    （2）运动鞋
    （3）巧克力
    （4）维生素
    （5）旅游网站

四 **回忆课文，根据课文内容填空**　Fill in the blanks according to the text.
1. 市场营销最重要的（　　）就是销售商品。为了最大（　　）地实现这一功能，企业需要（　　）市场调查，分析和研究（　　）的顾客和当前的市场（　　），

（　　）做出准确的市场（　　）。

2. 一则好的广告，首先要准确（　　）广告信息，其次要帮助（　　）品牌形象，三是能够起到（　　）消费者购买的作用，最后是满足消费者的（　　）需求。

五　完整阅读课文，完成下面的练习
Read the whole text and do the following exercises.

1. 概括段落大意 Summarize the general meaning of each paragraph.

段落	段落大意
第1段	
第2段	
第3段	
第4段	
第5段	

2. 根据下面表格的提示，复述课文

Retell the text based on the hints in the table below.

段落	段落功能	句子连接方法	关键词语
第1段	定义	……叫做……	调查　分析　沟通　市场营销
第2段	观点	最重要的……	功能　销售
第2段	说明	为了……，需要…… 从而……	市场调查　市场定位
第3段	说明	……主要有…… ……包括……	产品策略　价格策略 促销策略　渠道策略
第4段	观点	……是……	广告营销
第4段	说明	一……，二……， 三……，四…… 例如……	品牌形象　知名度 审美需求　广告策略
第5段	说明	由于……，发挥着……	影响力　无处不在

阅读与讨论 Reading and discussion

卖鞋

一家制鞋公司派了三个职员去一个偏远的城市寻找买鞋的市场。

第一个职员发回报告：这里的人不穿鞋，没有市场。

第二个职员发回报告：这里的人不穿鞋，市场巨大。

第三个职员发回报告：这里的人不穿鞋，但大多数脚有疾病，需要鞋。不过不需要我们现在生产的鞋，因为我们的鞋太窄，而这里的人脚都比较宽大，我们必须重新设计。教育他们穿鞋子需要花一些时间和一笔费用。我估计从推广到市场成熟需要大概三年的时间。我们可以获得的投资收益率大约为20%，因而我认为这个市场是有价值的，值得开拓。

1. 制鞋　zhì xié　shoemaking
2. 偏远　piānyuǎn　形　remote, faraway
3. 报告　bàogào　名　report
4. 疾病　jíbìng　名　disease
5. 收益率　shōuyìlǜ　名　rate of return, yield rate
6. 开拓　kāituò　动　exploit, extend

一　阅读短文，思考并回答下面的问题

Read the passage, think about the following questions and answer them.

1. 你觉得哪份报告最有价值？
2. 为什么你觉得这份报告有价值？它是从哪些角度写的？

二　讨论与表达　Discussion and expression

1. 猜一猜下面的广告宣传语是关于什么产品的，将广告语和产品连线

沟通无处不在	巧克力
黑头发，中国货	运动鞋
不溶在手，只溶在口	洗发水
飞一般的感觉	房产
山水间，天地间	通信公司

2. 说一说上面的广告好不好，并说明原因。

3. 你觉得好广告应该包含哪些元素？

扩展阅读 Extensive reading

（一）耐克——一则成功的营销案例

作为一个全球品牌，耐克已经具有很高的知名度，到1999年全球年销售额近95亿美元。但是很多人还没有注意到耐克是一个中间商品牌，很多人还不知道它没有自己的生产工厂，可是耐克一年可以有这样大的销售量，这就是它的成功的地方。耐克用一种新的竞争方式向人们展示了中间商品牌的竞争力。

耐克正式命名是在1978年，到1999年全球销售额已达95亿美元，进入《财富》500强行列，超过了原来同行业的领袖品牌阿迪达斯、锐步，并被视为近20年来世界成功的消费品公司的代表。

耐克营销的方式是采用中间商品牌策略，它没有去建立自己的生产厂家，并不自己生产耐克鞋，而是在全世界寻找最好条件的生产商为耐克生产。并且，它与生产商的签约期限不长，这有利于耐克掌握主动权。选择生产商的标准是：成本低，交货及时，品质有保证。这样，耐克规避了制造业公司的风险，专心于产品的研究与开发，大大缩短了产品的生命周期，快速推出新款式，提高了生产效益，实现了利润最大化。

耐克的另一营销方式是传播。它采用青少

1. 中间商	zhōngjiānshāng	名	middleman
2. 命名	mìngmíng	动	name
3. 行列	hángliè	名	ranks
4. 领袖	lǐngxiù	名	leader
5. 签约	qiānyuē	动	sign a contract
6. 主动权	zhǔdòngquán	名	initiative
7. 规避	guībì	动	avoid
8. 缩短	suōduǎn	动	shorten
9. 周期	zhōuqī	名	cycle, period
10. 传播	chuánbō	动	spread
11. 崇拜	chóngbài	动	worship
12. 偶像	ǒuxiàng	名	idol
13. 乐队	yuèduì	名	band
14. 演奏	yǎnzòu	动	play (an instrument)
15. 变革	biàngé	动	revolution

年崇拜的偶像如迈克·乔丹等进行传播，还利用电子游戏设计耐克的专用游戏。每当新款式推出之后，它请乐队来进行演奏，传播一种变革思想和品质。耐克的传播策略使其品牌知名度迅速提升，大大开发了耐克占有市场的潜力，同时也建立了高度认同的品牌资产价值。

16. 开发	kāifā	动	develop
17. 认同	rèntóng	动	approve
18. 资产	zīchǎn	名	assets

（二）耐克公司的广告文案

1. JUST DO IT——尽管去做。
2. 一个不相信年轻人的社会注定要失败的，或者，甚而言之，是一个残缺的社会。
3. 寒冷喊叫道：放弃吧！风嚎叫着：回家去吧！而你的衣服则说：太阳每一天都是新的！
4. 八十岁的她，人们说还有一次大显身手的机会，但她不这么认为。她说她还有好几次。
5. 今天，你要么跑，要么不跑。
6. 中国篮球明星易建联：你可以15岁加入职业联赛，你可以入选国家队，你可以连夺3次冠军，你可以成为MVP，但这还不够。因为你可以是——不断走向下一步的自己。

一 根据短文（一）回答问题　Answer the questions according to Passage 1.
1. 耐克主要卖什么？
2. 耐克营销有什么特别的地方？
3. 你觉得耐克为什么会获得很大成功？

二 阅读（二）中耐克公司的广告文案，思考并回答问题
Read the advertisement documents in Passage 2, think about the following questions and answer them.
1. 以上的广告想传达给消费者的是什么？
2. 为什么这些广告都没有介绍耐克公司的产品？
3. 从这些广告你能不能分析出耐克公司的目标消费群？
4. 这些广告是不是好广告？为什么这样说？

第十七课 股份公司
Lesson 17 Stock Companies

学习目标 Learning objectives

1. 通过课文的学习，了解什么是股份公司
   - （1）了解股份公司的概念
   - （2）了解成立股份公司的条件
   - （3）了解股份公司的特点
   - （4）了解股份公司的优点
2. 掌握相关专业词汇
3. 掌握下列常用表达式
   - （1）除了……，还……
   - （2）和……相比，……

热身 Warming up

1. 你对公司了解多少？
2. 如果你想开一家公司，可是自己的钱不够，怎么办？

略读 Skimming

读一读下面的课文，看下面的句子对不对，对的画√，错的画×

Read the text and decide whether the following sentences are true (√) or false (×).

1. 中国的股份公司可以只有一个股东。　　　　　　（　　）
2. 任何人购买公司股份以后都可以成为公司股东。　（　　）
3. 股份公司的股票可以退。　　　　　　　　　　　（　　）
4. 股份公司可以把人们所有的钱集中起来。　　　　（　　）

课文 Text

股份公司

1　如果你想开一家公司，可是钱不够，那么除了从银行贷款，还有什么其他办法呢？你可以找一些人，让他们出钱，然后给他们一些凭证，这些人叫做股东，这些凭证叫做股票。股东按照自己股票的多少来获取公司的利润，同时承担相应的义务。你们一起开的这家公司就叫做股份公司。

2　成立股份公司需要以下条件：第一，股东必须符合法律规定的资格和人数，比如在中国，股东人数最少为5人；第二，注册的资本必须要达到法律规定的最低数，比如在中国，股份公司注册资本最低数为人民币1000万元；第三，股东需要给公司作一些规定；第四，建立符合股份公司要求的组织机构，比如股东大会、董事会等；第五，要有固定的生产和经营的地点；第六，公司的成立必须经过相关部门的同意。

3　和其他公司相比，股份公司有以下特点：第一，公司把全部的钱分为数量相等的股份，任何人在购买了股份以后，都可以成为公司股东，没有

1. 股份公司	gǔfèn gōngsī		stock company
2. 凭证	píngzhèng	名	certificate
3. 股东	gǔdōng	名	shareholder
4. 义务	yìwù	名	obligation
5. 成立	chénglì	动	found, establish
6. 符合	fúhé	动	accord with
7. 注册	zhù cè	动	register
8. 董事会	dǒngshìhuì	名	board of directors
9. 固定	gùdìng	形	fixed
10. 经营	jīngyíng	动	manage, run

资格限制；第二，公司欠了钱以后，股东要负责任，根据自己股票的多少来赔钱；第三，公司股票可以自由转让，但不能退股；第四，公司的账目必须向社会公开。

4　　现在，股份公司在各个国家的经济中占统治地位。它不仅可以迅速把社会上人们暂时不用的钱集中到一起，有利于公司的发展，而且公司经营者在作一些决定时也比较自由。另外，还可以降低购买股票的人的风险。

11. 账目	zhàngmù	名	accounts
12. 统治	tǒngzhì	动	govern
13. 暂时	zànshí	名	temporary

学习普通词语　Learning common words

一　读词语，写拼音，连英文

Read the following words, write down their *pinyin* and then match them with their English meanings.

贷款	dàikuǎn	profit
利润	_____	fixed
承担	_____	accord with
成立	_____	found, establish
符合	_____	temporary
固定	_____	risk, hazard
限制	_____	compensate
赔	_____	bear, undertake
暂时	_____	loan, credit
风险	_____	restrict

二 词语扩展　Word expansion

1. 贷款	一笔贷款	银行贷款	贷款买房
2. 利润	利润高	利润低	提高利润
3. 承担	承担义务	承担责任	承担后果
4. 成立	成立公司	成立国家	成立组织
5. 符合	符合条件	符合标准	符合规定
6. 固定	固定价格	固定工作	固定资产
7. 限制	资格限制	受到限制	有限制
8. 赔	赔钱	赔本	赔光
9. 暂时	暂时停止	暂时关闭	暂时不用
10. 风险	有风险	风险大	风险小

三 选词填空　Fill in the blanks with the given words.

> 风险　成立　承担　赔　利润　暂时　符合　限制

1. 我在饭店吃饭时打碎了一个碗，（　　　）了两块钱。
2. 王先生马上要（　　　）一个新公司。
3. 在学校外面租房子住很自由，没有那么多（　　　）。
4. 他（　　　）不能来上班，得等他病好了才能来。
5. 虽然炒股票有很大（　　　），但还是有很多人炒股。
6. 做生意的人总是把（　　　）看得最重要。
7. 经过检查，人们发现这个工厂的产品不（　　　）质量标准。
8. 不论是在工作中还是生活中，我们都要（　　　）责任。

学习常用表达式
Learning useful expressions

一 除了……,还……

1. 根据提示和示例,体会"除了……,还……"在什么情况下使用

   Learn the usage of "除了……,还……" with the help of the hints and examples.

   (1) 提示:我喜欢吃苹果,也喜欢吃香蕉。

   示例:**除了**苹果,我**还**喜欢吃香蕉。

   (2) 提示:你需要钱,可以从银行贷款,也可以想想其他办法。

   示例:**除了**从银行贷款,你**还**能想到什么办法借到钱?

2. 用"除了……,还……"将下面的词语组成正确的句子

   Combine the following words and phrases into sentences with "除了……,还……".

   (1) 唱歌　文文　会　跳舞

   _____

   (2) 日本　美国　他　去过

   _____

   (3) 生产　做　贸易　进出口　电视　公司

   _____

   (4) 英语　学　汉语　好　年轻人　要　会

   _____

3. 用"除了……，还……"说两个句子

Make two sentences with "除了……，还……".

(1) _____

(2) _____

二、和……相比，……

1. 根据提示和示例，体会"和……相比，……"在什么情况下使用

Learn the usage of "和……相比，……" with the help of the hints and examples.

(1) 提示：她喜欢唱歌，更喜欢跳舞。

示例：**和唱歌相比**，她更喜欢跳舞。

(2) 提示：股份公司和其他公司不同，它有自己的特点。

示例：**和其他公司相比**，股份公司有一些自己的特点。

2. 用"和……相比，……"完成下面的句子

Complete the following sentences with "和……相比，……".

(1) _____，这个城市现在发生了很大变化。

(2) _____，我更喜欢在家里休息。

(3) _____，我觉得年轻人的想法更值得关注。

(4) _____，我觉得放手去做更重要。

3. 用"和……相比，……"说两个句子

Make two sentences with "和……相比，……".

(1) _____

(2) _____

学习专业词语 Learning specialized terms

一 读词语，写拼音，连英文

Read the following words and phrases, write down their *pinyin* and then match them with their English meanings.

贷款	dàikuǎn	capital
股东	_____	register
股票	_____	accounts
利润	_____	loan, credit
股份公司	_____	risk, hazard
注册	_____	shareholder
资本	_____	manage, run
董事会	_____	stock company
经营	_____	stock
账目	_____	profit
风险	_____	board of directors

二 词语扩展 Word expansion

例如：产品（社会产品）（农业产品）

1. 贷款（　　　）（　　　）　　2. 利润（　　　）（　　　）
3. 经营（　　　）（　　　）　　4. 风险（　　　）（　　　）

三 选词填空 Fill in the blanks with the given words or phrases.

> 利润　风险　贷款　经营　股票　股份公司

1. 成立（　　　）需要一些条件。
2. （　　　）是股份公司在筹集资本时向出资人发行的股份凭证。
3. 股东按照自己股票的多少来获取公司的（　　　）。

4. 我想买房子，可是钱不够，所以只好从银行（　　　　）。

5. 这家公司（　　　）得很好，在全国都很有名。

6. 开公司虽然有（　　　），但如果成功了，就会赚很多钱。

四 把下面的专业词语和它的意思连接起来

Match the following terms with their meanings.

股份公司　　　股份公司在筹集资本时向出资人发行的股份凭证

股东　　　　　由董事组成的、对内管理公司、对外代表公司的经营决策机构

股票　　　　　通过发行股票及其他证券，把分散的资本集中起来经营的一种企业组织形式

董事会　　　　是股份公司中持有股份的人

学习课文 Learning the text

一 朗读课文第1段，选词填空

Read Paragraph 1 of the text and fill in the blanks with the following words.

　　股东　　股票　　股份　　利润　　义务

如果你想开一家公司，需要找一些人出钱，给这些人一些凭证，这些凭证是（　　　　），这些出钱的人就是（　　　　）。这些人根据自己出的钱的多少来获取公司最后赚取的（　　　　），当然，这些人也要承担相应的（　　　　）。这样的公司就是（　　　　）公司。

二 朗读课文第2段，补充股份公司成立需要的条件

Read Paragraph 2 and list the requirements of establishing a stock company.

以中国为例，成立股份公司需要一些条件：

1. _____；

2. _____；

3. 股东需要给公司制定一些规定；

4. _____；

5. _____；

6. 公司的成立要经过一些部门的同意。

三 朗读课文第3段，做下面的练习

Read Paragraph 3 and do the following exercises.

1. 根据课文内容判断下列哪一项是不正确的？（　　）

Decide which is not correct according to the text.

A. 任何人购买股份后，都可以成为股东

B. 公司的股票可以退股

C. 社会可以知道股份公司的账目

D. 股东可以获得利润，也要承担赔钱的责任

2. 根据提示词语说一说股份公司的特点

Talk about the characteristics of a stock company using the given words.

提示词语：　股份　　股东　　资格　　责任　　赔本

　　　　　　股票　　转让　　退股　　账目　　公开

四 完整阅读课文，完成下面的练习

Read the whole text and do the following exercises.

1. 阅读课文，填写关键词

Read the text and give the key words of each paragraph.

段落	关键词语
第1段	
第2段	
第3段	
第4段	

2. 根据上题的关键词语和下面表格的提示，复述课文

Retell the text based on the hints in the table below.

段落	段落功能	句子连接方法
第1段	定义	……叫做……
第1段	说明	如果……，那么…… ……，同时……
第2段	观点	需要……条件
第2段	说明	第一，……；第二，……
第3段	观点	特点
第3段	说明	和……相比，……
第4段	观点	优点
第4段	说明	不仅……，而且……

五 结合本课内容回答问题

Answer the question and do the exercise based on what you have learned in this lesson.

你炒过股吗？请介绍一下你们国家的股市情况。

阅读与讨论 Reading and discussion

青岛啤酒股份公司发展的故事

2003年青岛啤酒股份公司与美国A-B公司合作。A-B公司购买了青岛啤酒股份公司1.164亿美元的股票，占有20%的股份，成为青啤的最大的非政府股东。由于有了更多的资金，青岛啤酒股份公司的发展有了经济基础。现在，青岛啤酒已出口到全球40多个国家和地区，占中国啤酒出口总量的50%以上，国内市场占有率也达到了12.8%。

1. 占有　zhànyǒu　动　own, possess

2. ~率　~lǜ　后缀　rate

一 阅读短文，思考并回答下面的问题
Read the passage, think about the following questions and answer them.

1. 谁是青岛啤酒股份公司最大的非政府股东？
2. 现在青岛啤酒股份公司的发展怎么样？

二 讨论与表达 Discussion and expression

1. 小组讨论 Group discussion

（1）青岛啤酒股份公司为什么要与美国公司合作？

（2）你觉得这种合作好不好？为什么？

（3）你认为股份公司有哪些优点？

2. 运用下面的提示词语，说一说你们小组关于股份公司的看法

Present your group's viewpoint on stock companies using the following words and expressions.

提示词语：集中资本　……，同时……　和……相比，……
如果……，那么……　除了……，还……　股份　优点

扩展阅读 Extensive reading

（一）牛顿炒股

股票是股份公司在筹集资本时向出资人发行的股份凭证。如果把公司的股份拿到证券交易所进行公开交易，那么这些股份公司就是上市公司。人们可以通过买卖股票来赚钱。

1711年，英国成立了南海股份公司，并发行了一些股票。当时所有人都认为南海股份公司会发展得很好，所以它的股票价格从1720年1月的每股128英镑开始增长，速度惊人。这时著名的科学家

---

1. 筹集　chóují　动　raise
2. 证券交易所　zhèngquàn jiāoyìsuǒ　securities exchange
3. 上市公司　shàngshì gōngsī　listed company
4. 涨　zhǎng　动　go up, rise

牛顿也看好南海公司的股票，4月，他花了7000英镑买了南海公司的股票。很快，他的股票就涨了，两个月后，牛顿把股票卖掉后竟然赚了7000英镑。

但是刚刚卖掉股票，牛顿就后悔了，因为到了7月，南海公司的股票价格涨到了每股1000英镑，几乎增长了7倍。经过认真地考虑，牛顿决定再花更多的钱去买南海公司的股票。但是这个时候，南海公司在经营方面出现了问题，公司股票的真实价格和市场价格差别太大，而且英国政府也开始对南海公司等企业进行了限制。没过多久，南海公司的股票价格就开始下跌，到了12月变成了每股124英镑，南海公司的资产严重减少。很多买了这个公司股票的人，都赔钱了，牛顿也没有及时把股票卖掉，亏了两万英镑，这对他来说是很大的一笔钱。

这件事情以后，牛顿觉得自己虽然是一名科学家，但却预测不了股市的情况，他感慨地说："我能计算出地球、太阳是怎样运行的，却很难预测到人们的疯狂。"

5. 下跌 xiàdiē 动 go down, fall

6. 预测 yùcè 动 predict, forecast

7. 股市 gǔshì 名 stock market

8. 疯狂 fēngkuáng 形 crazy

■ **根据短文回答问题** Answer the questions according to the passage.

1. 什么是上市公司？
2. 牛顿为什么要买股票？
3. 南海公司股票的价格从开始到后来发生了什么变化？
4. 人们能预测出股市的变化吗？

（二）中国石油股票价格变化表

中国石油	日期	最高价	最低价
1	2011-03-21	11.86	11.68

2	2011-03-16	11.61	11.46
3	2011-03-07	12.24	11.80
4	2011-02-23	11.59	11.40
5	2011-02-14	11.76	11.42
6	2011-01-04	11.44	11.16
7	2010-12-28	11.19	10.91

■ 根据上面的表格回答问题

Answer the following questions according to the data in the table above.

1. 根据这个表格，中国石油的股票价格在哪天最高？最高价是多少？
2. 你认为中国石油这只股票的价格变化大不大？
3. 根据这个表格，说一说中国石油的股票价格今后的走势。

第十八课
Lesson 18

跨国公司
Transnational Corporations

学习目标 Learning objectives

1. 通过课文的学习，了解收入与消费的基本关系
   - （1）了解跨国公司区别于一般公司的特点
   - （2）了解跨国公司总公司和子公司的关系
   - （3）了解跨国公司的经营特点
2. 掌握相关专业词汇
3. 掌握下列常用表达式
   - （1）由……向……
   - （2）为……提供……条件

热身 Warming up

1. 你知道哪些世界知名的大公司？说一说他们都生产什么产品。
2. 如果你是一家公司的老板，你想不想在别的国家设立分公司？如果设立分公司，你打算怎么处理分公司和总公司的关系？

略读 Skimming

读一读下面的课文，看下面的句子对不对，对的画√，错的画×

Read the text and decide whether the following sentences are true (√) or false (×).

1. 跨国公司的子公司不是完全独立的。　　　　（　　）
2. 跨国公司的市场目标是所在的国家。　　　　（　　）
3. 子公司生产的产品跟总公司一样。　　　　　（　　）
4. 多种经营可以分散经营风险。　　　　　　　（　　）

课文 Text

跨国公司

1 20世纪以来，随着实力不断发展和壮大，一些优秀的大型企业不再满足于在本国的经营，开始直接对外投资，在世界各地设立分支机构或子公司，从事国际化的生产和经营活动，我们把这样的公司称为跨国公司。

2 跨国公司在国外拥有众多分支机构和子公司。各地分支机构和子公司虽然有一定的经营和决策自主权，但必须服从总公司的整体决策。总公司负责整个公司的投资计划、生产安排、价格体系、市场安排、利润分配、研究方向及其他重大决策。子公司根据总公司的需要制订各自的经营计划。

3 和一般公司相比，跨国公司的另一特点是实行全球战略：以世界市场为目标，在全球范围内合理安排自己的生产、销售和科研等经营活动，从而获得在全球的长期的竞争优势。

4 现代跨国公司的经营范围广泛，已经由单一产品生产经营向

1. 实力	shílì	名	strength, power
2. 壮大	zhuàngdà	形	strong
3. 大型	dàxíng	形	large-scale
4. 本	běn	代	one's own, native
5. 投资	tóuzī	动	invest
6. 分支	fēnzhī	名	branch
7. 国际化	guójìhuà	动	internationalize
8. 决策	juécè	名	decision making
9. 自主权	zìzhǔquán	名	autonomy
10. 服从	fúcóng	动	obey, submit to
11. 体系	tǐxì	名	system
12. 全球	quánqiú	名	entire globe
13. 战略	zhànlüè	名	strategy
14. 单一	dānyī	形	single

综合性多种经营方向发展。总公司和子公司生产不同种类的产品，甚至是不同行业的产品，如美国的杜邦公司，除了经营化工产品，还兼营药品、食品、化妆品、纺织、电子、运输和旅馆业等行业。这种多种经营的方式适应了日益复杂的国际投资环境和竞争激烈的国际市场，有利于发挥跨国公司的综合优势，能够保证获得比较稳定的效益，从而获得较多的生存和发展机会。

5　　在经济全球化的今天，跨国公司在世界经济中扮演着越来越重要的角色。事实上，它已经成为当今国际经济、国际贸易和国际投资中最活跃最有影响力的力量。

15. 综合	zōnghé	动	synthesize
16. 化工	huàgōng	名	chemical industry
17. 兼	jiān	动	hold two or more jobs concurrently
18. 纺织	fǎngzhī	动	spin and weave
19. 日益	rìyì	副	increasingly, day by day
21. 扮演	bànyǎn	动	play (a role)
22. 角色	juésè	名	role, part
23. 活跃	huóyuè	形	active, lively

学习普通词语　Learning common words

一　读词语 写拼音，连英文

Read the following words, write down their *pinyin* and then match them with their English meanings.

壮大	zhuàngdà	increasingly, day by day
本	_____	strong
服从	_____	one' own, native
日益	_____	single
单一	_____	obey, submit to

综合	_____	active, lively
兼	_____	role, part
实力	_____	play (a role)
化工	_____	synthesize
纺织	_____	textile
扮演	_____	chemical industry
角色	_____	strength, power
活跃	_____	hold two or more jobs concurrently

二 词语扩展 Word expansion

1. 壮大　　壮大队伍　　发展壮大　　日益壮大
2. 本　　　本国　　　　本公司　　　本单位
3. 服从　　服从命令　　服从领导　　服从指挥
4. 日益　　日益严重　　日益增强　　日益突出
5. 单一　　品种单一　　形式单一　　单一选择
6. 综合　　综合性　　　综合能力　　综合水平
7. 兼　　　兼营　　　　兼职　　　　兼任
8. 活跃　　表现活跃　　市场很活跃　活跃人物

三 选词填空 Fill in the blanks with the given words.

> 壮大　服从　优势　日益　本　综合　实力　活跃

1. 第二季度市场表现（　　　），销售额保持稳定增长。
2. 90年代以来，中国的体育产业不断发展（　　　）。
3. 这种产品价格便宜，质量又好，跟别的产品比很有（　　　）。
4. 这个大学的（　　　）实力排名全国第一。
5. 一个好的演员要一切（　　　）角色的需要。
6. 互联网对社会的影响（　　　）增强。
7. 这个公司的研发（　　　）雄厚，拥有上百位专业的研究员。
8. （　　　）公司将于6月20日晚8点在中山宾馆举行顾客见面会，诚邀您参加。

学习常用表达式
Learning useful expressions

一 由……向……

1. 根据提示，体会"由……向……"在什么情况下使用

   Learn the usage of "由……向……" with the help of the hints and examples.

   （1）提示：中国的产品不能只是"中国制造"，应该转变为"中国创造"。

   示例：中国的产品应该**由**"中国制造"**向**"中国创造"转变。

   （2）提示：以前这里的旅游业主要是观光，现在慢慢升级为休闲度假。

   示例：这里的旅游业已经**由**观光**向**休闲度假发展。

2. 用"由……向……"将上下两部分连接成正确的句子

   Combine the two parts in each group into a sentence with "由……向……".

   （1）① 以前中国是纺织品大国

   ② 现在正在发展为纺织品强国

   _____

   （2）① 政府调控前，资金集中在房地产市场

   ② 调控后，资金流向了股市

   _____

   （3）① 以前农村老人主要依靠家庭养老

   ② 现在慢慢向社会养老过渡

   _____

   （4）① 前段时间食品价格上涨

   ② 这造成最近非食品的价格也跟着上涨

   _____

3. 用"由……向……"说两个句子

   Make two sentences with "由……向……".

   （1）_____

（2）_____

二 为……提供……条件

1. 根据提示和示例，体会"为……提供……条件"在什么情况下使用

   Learn the usage of "为……提供……条件" with the help of the hints and examples.

   （1）提示：只有学好汉语，学习专业才会更容易。

   　　示例：学好汉语将为学习专业提供积极的**条件**。

   （2）提示：把公路修到农村，农村经济就会有更快的发展。

   　　示例：农村修公路为农村经济的发展**提供**了有利的**条件**。

2. 用下面的词语组成正确的句子

   Combine the following words and phrases into sentences.

   （1）学生　学校　为　发展　条件　提供　有利的　了

   _____

   （2）跨国公司的先进技术　为　的　中国公司　条件　发展　提供　了

   _____

   （3）良好的条件　优越的　这个地区　为　经济发展　地理位置　提供了

   _____

   （4）为　政府　优惠　条件　很多　提供了　外国投资企业

   _____

3. 用"为……提供……条件"说两个句子

   Make two sentences with "为……提供……条件".

   （1）_____

   （2）_____

第十八课 跨国公司

学习专业词语 Learning specialized terms

一 读词语，写拼音，连英文

Read the following words and phrases, write down their *pinyin* and then match them with their English meanings.

跨国公司	kuàguó gōngsī	affiliated agency, branch
单一经营	_____	competitive advantage
多种经营	_____	globalize
投资	_____	resource allocation
总公司	_____	strategy
分支机构	_____	head office, controlling corporation
子公司	_____	invest
国际化	_____	transnational corporation
全球化	_____	internationalize
国际市场	_____	international market
自主权	_____	single operation
战略	_____	multiple operation
竞争优势	_____	subsidiary company, subcompany
效益	_____	benefit, revenue
资源配置	_____	autonomy

二 词语扩展 Word Expansion

例如：产品（社会产品）（农业产品）

1. 公司（　　　）（　　　）　　2. 投资（　　　）（　　　）
3. 经营（　　　）（　　　）　　4. 战略（　　　）（　　　）

把下面的专业词语和它的意思连接起来
Match the following terms with their meanings.

全球战略　　　　　一个企业同时经营两个以上行业的经营策略

多种经营　　　　　从全球观点出发，在全球范围内合理配置资源，降低生产成本，以获得长期、稳定的全球竞争优势

经济全球化　　　　被另一公司拥有控制权的被投资企业

子公司　　　　　　经济活动超越国界，通过对外贸易、提供服务等方式形成全球范围的有机经济整体

四　选词填空　Fill in the blanks with the given words or phrases.

> 国际化　多种经营　国际市场　竞争优势　全球化　分支机构

1. 经济（　　　　）既给世界贸易带来了重大的推动力，也带来了很多不确定因素。
2. 西安正在朝着（　　　　）大都市的方向发展。
3. 我公司的（　　　　）集中在家用电器、厨房用品以及玻璃制品。
4. 在国内市场站稳脚跟后，公司下一步的目标就是（　　　　）。
5. 丰田汽车公司决定开展（　　　　），并已开始投资电信与金融行业。
6. 今年以来，渣打银行已经在中国地区设立了六家（　　　　）。

学习课文　Learning the text

朗读课文第1段，判断有关跨国公司的说法是否正确，对的打√，错的打×
Read Paragraph 1 of the text and decide whether the views about transnational corporations are true (√) or false (×).

1. 出现于上个世纪　　　　　　　　　　　　　　（　　）
2. 实力雄厚　　　　　　　　　　　　　　　　　（　　）
3. 在两个或两个以上国家设立公司　　　　　　　（　　）

4. 以合资的方式在别国投资　　　　　　　　　　（　　）

5. 在本国生产，在别国销售　　　　　　　　　　（　　）

二 朗读课文第2、3段，做下面的练习
Read Paragraphs 2 and 3 and do the following exercises.

1. 假设一家法国跨国食品公司在几十个国家（包括中国）有分公司，判断下面哪些决策是由法国总公司制定的，哪些是由中国分公司制定的。

　　　　　　A. 总公司　　　　　　B. 分公司

（1）在中国各地电视台投放广告的方案　　　　（　　）

（2）研发保健功效的新产品　　　　　　　　　（　　）

（3）产品的市场定位　　　　　　　　　　　　（　　）

（4）中国分公司总经理的任命　　　　　　　　（　　）

（5）产品的原料采购方案　　　　　　　　　　（　　）

2. 跨国公司的总公司和分公司是什么关系？（　　）

　　A. 合作关系　　　　B. 互相独立　　　　C. 领导关系

3. 举例说明跨国公司的全球战略。

三 朗读课文第4、5段，做下面的选择填空练习
Read Paragraphs 4 and 5 and choose the correct answers.

1. 综合性多种经营是指跨国公司经营的产品为（　　）。

　　A. 一个行业一种产品　　　B. 一个行业多种产品

　　C. 多个行业多种产品　　　D. 不同行业一种产品

2. 综合性多种经营的方式有什么好处（可多选）？（　　）

　　A. 增加利润　　　　　　　B. 提高知名度

　　C. 分散经营风险　　　　　D. 获得更多发展机会

四 回忆课文，根据课文内容填空　Fill in the blanks according to the text.

1. 跨国公司在国外（　　）众多分支机构和子公司。各地分支机构和子公司虽然有（　　）的经营和决策（　　）权，但必须（　　）总公司的整体决策。

2. 和一般公司相比，跨国公司的另一特点是（   ）全球战略：（   ）世界市场（   ）目标，在全球范围内（   ）安排自己的生产、销售和科研等经营活动，（   ）获得在全球的长期的竞争优势。

3. 这种多种经营的（   ）适应了（   ）复杂的国际投资环境和竞争（   ）的国际市场，有利于（   ）跨国公司的综合优势，能够（   ）获得比较稳定的（   ），从而获得较多的生存和发展机会。

五 完整阅读课文，完成下面的练习

Read the whole text and do the following exercises.

1. 填写关键词　Give the key words of each paragraph.

段落	关键词语
第1段	
第2段	
第3段	
第4段	
第5段	

2. 概括段落大意　Summarize the general meaning of each paragraph.

段落	段落大意
第1段	
第2段	
第3段	
第4段	
第5段	

3. 根据下面表格的提示，复述课文

Retell the text based on the hints in the table below.

段落	段落功能	句子连接方法	关键词语
第1段	定义	……把……称为……	实力　壮大　直接　投资　跨国公司
第2段	观点	拥有……	分支机构　子公司
第2段	说明	虽然……一定……，但是……服从……	经营自主权　整体决策　计划经营
第3段	观点	……另一特点是……	全球战略
第3段	说明	以……为…… ……从而……	世界市场　全球范围　竞争优势
第4段	观点	由……向……发展	单一　多种　经营
第4段	说明	适应了……　有利于…… 能够保证……　从而……	国际　投资环境　综合优势 稳定　效益　发展机会
第5段	说明	扮演……角色　成为……力量	经济全球化　影响力

阅读与讨论　Reading and discussion

三星公司相关负责人日前披露公司地区战略，2011年三星公司非洲业务增长目标为63%；并宣布了其非洲五年计划，即到2015年，非洲地区业务收入目标为100亿美元，预期雇佣员工人数5000名，注重本地化，在非洲培训10000名电子工程师。

2010年，三星公司全球业务收入为1358亿美元，其中非洲业务收入为12.3亿美元，同比增长31%。三星公司在非洲业务发展迅速，业务从2009年的15个国家扩

1. 相关　xiāngguān　动　be related to
2. 披露　pīlù　动　make public, disclose
3. 称　chēng　动　claim, call
4. 雇佣　gùyōng　动　employ, hire
5. 注重　zhùzhòng　动　lay stress on, pay attention to, emphasize
6. 本地化　běndìhuà　动　localize
7. 同比　tóngbǐ　动　compare to the same period of the previous year

展到2010年的42个国家，分销商从2009年的32个发展到2010年的80个，服务中心从2009年的18个增长至2010年的36个。目前，三星公司在苏丹、南非、尼日利亚、埃塞俄比亚以及塞内加尔等非洲国家开展业务。其相关负责人称，三星看中的是非洲市场巨大的发展潜力，目标是要在非洲发展成为顶级电子品牌。

> 8. 分销商　fēnxiāoshāng　名　distributor, dealer
> 9. 顶级　dǐngjí　形　top-level, hi-end
>
> **专有名词　Proper Nouns**
> 1. 三星　Sānxīng　Samsung
> 2. 苏丹　Sūdān　Sudan
> 3. 南非　Nánfēi　South Africa
> 4. 尼日利亚　Nírìlìyà　Nigeria
> 5. 埃塞俄比亚　Āisài'ébǐyà　Ethiopia
> 6. 塞内加尔　Sàinèijiā'ěr　Senegal

一　**阅读短文，思考并回答下面的问题**

Read the passage, think about the following questions and answer them.

1. 三星公司在非洲的地区战略是什么？
2. 为什么三星公司那么重视非洲地区的业务开发？

二　**讨论与表达**　Discussion and expression

1. 下面是一些著名跨国公司的品牌的中文译名和原名，请连线

西门子	Motorola
摩托罗拉	Walmart
通用	HP
沃尔玛	Louis Vuitton
宜家	Siemens
惠普	Nikon
路易威登	IKEA
尼康	General Motors

2. 有的跨国公司进入中国以后仍然保持着原来的名字，并没有给产品起一个中文名，如"m&m""IBM""LG"等，请与你的小组成员讨论：当跨国公司进驻一个国家时，是起一个当地的名称好还是保留原名好？为什么？

扩展阅读 Extensive reading

（一）宝洁公司的多品牌差异化营销战略

宝洁公司（Procter & Gamble）是目前全球最大的日用品公司之一，年销售额超过400亿美元，在美洲、亚洲、欧洲等80多个国家和地区设有工厂和分公司，全球雇员超过10万人。其经营范围包括美容美发、妇幼保健、食品与饮料、纸品、家居护理、洗涤、医药等300多个品牌的产品，畅销160多个国家和地区。

提起宝洁公司，人们可能一下子能想出好多熟悉的品牌，如"舒肤佳（Safeguard）"、"飘柔(Rejoice)"、"汰渍（Tide）"等等。的确，和大多数公司主推一个品牌不同，宝洁公司拥有众多品牌，其推行的就是多品牌差异化营销战略。一般来说，单一品牌延伸策略便于企业形象的统一，资金、技术的集中，减少营销成本，易于被顾客接受。但单一品牌不利于产品的延伸和扩大，且单一品牌一荣俱荣，一损俱损。而多品牌虽营运成本高、风险大，但灵活，也利于市场细分。但这种多品牌策略不是把一种产品简单地贴上几种商标，而是追求同类产品不同品牌之间的差异，包括功能、包装、宣传等各方面，从而形成每个品牌的鲜明个性。这样，每个品牌有自己的发展空间，市场就不会重叠。以宝洁在中国推出的洗发水为例，"海飞丝(Head & shoulders)"的个性在于去头屑，"潘婷(Pantene)"的个性在于对头发的营养保健，而"飘柔"的个性则是使头发光滑柔顺，"沙宣（Vidal Sassoon）"是专业美

1. 营销	yíngxiāo	动 market
2. 雇员	gùyuán	名 employee
3. 美容	měiróng	动 improve one's looks, cosmeticize
4. 家居	jiājū	名 home, residence
5. 洗涤	xǐdí	动 wash, clean
6. 畅销	chàngxiāo	形 sell well
7. 延伸	yánshēn	动 extend, stretch
8. 商标	shāngbiāo	名 trademark, brand
9. 包装	bāozhuāng	动 pack, wrap up
10. 鲜明	xiānmíng	形 bright, distinctive
11. 重叠	chóngdié	动 overlap
12. 头屑	tóuxiè	名 scurf
13. 柔顺	róushùn	形 smooth, submissive

发，"伊卡璐（Clairol）"则主要定位于染发。而广告方面，"海飞丝"的广告策略是全明星阵容，为的是吸引追星族；"沙宣"选用很酷的不知名的金发美女，强调有型、个性，吸引的就是追求时尚的青少年。这就构筑了一条完整的美发护发染发的产品线。宝洁的市场细分很大程度不是靠功能和价格来区分，而是通过广告给予消费者不同的心理暗示。

准确的市场细分与定位，有效地阻击了竞争对手的进入。宝洁公司的多品牌差异化战略不仅使得该公司在社会上有着良好的形象，而且还培育了一大批忠诚的顾客，获得了较高的顾客满意度，为该公司的可持续发展赢得了竞争优势。

14. 阵容	zhènróng	名	lineup
15. 追星族	zhuīxīngzú	名	idolater, fans, celebrity worshipper
16. 有型	yǒuxíng	形	of certain style
17. 构筑	gòuzhù	动	build
18. 暗示	ànshì	动	imply
19. 阻击	zǔjī	动	block, keep from
20. 培育	péiyù	动	cultivate, breed, raise

■ **阅读短文，思考并回答问题**

Read the passage, think about the following questions and answer them.

1. 宝洁公司主要经营什么？
2. 宝洁公司在营销战略上跟别的公司有什么不同？
3. 你认为宝洁公司的多品牌差异化战略怎么样？

（二）雅高酒店集团的营销战略

雅高酒店集团是全球最大的酒店集团之一，请看它旗下的品牌介绍，并与小组成员进行讨论

雅高酒店集团(ACCOR)：

旗下主要品牌：

索菲特(Sofitel)、诺富特(Novotel)、美居酒店(Mercure)、雅高套房饭店(Suite hotel)、宜必思饭店(Ibis)、一级方程式汽车旅馆(Formule 1)、红屋顶旅馆(Red Roof Inn)等

ACCOR广告语：We built smile! 我们创造微笑！

Suite hotel广告语：Suite hotel. A new way of hotel living. 雅高套房饭店。一种新

的酒店生活。

Mercure广告语：Mercure. For the best of the region. 美居酒店，做本地最好的。

Novotel广告语：Novotel. Contemporary hotel concept convenient for business and leisure. 诺富特酒店，方便、休闲的现代商务酒店。

Red Roof Inn 广告语：American chain of economy motels. 美国连锁的经济型汽车旅馆。

F1广告语：Budget hotels offering simple and functional comfort. 廉价旅店提供简单和功能的安慰。

Ibis广告语：Round-the-clock service and budget prices. 我们有24小时的服务和低价收费。

讨论并回答下面的问题

Discuss and answer the following questions.

1. 雅高酒店集团推行的是什么营销策略？
2. 说一说它旗下各品牌酒店的目标顾客群。
3. 它旗下这七个酒店存在不存在竞争关系？为什么？
4. 这种营销策略有什么好处？有什么坏处？

课文（手写体）
Texts (Handwritten)

第一课　收入与消费

1　一个人从出生开始，就要吃，就要穿，就要利用社会产品来满足自己的需要，这就是消费。消费是人类生活中必不可少的一部分。

2　个人消费水平的高低，和人们当前的可支配收入相关。在物价稳定的条件下，人们的可支配收入越多，对商品和服务的消费量也就越大；收入增长得越快，消费的增幅也就越大。

3　个人消费水平的高低，还和人们的收入预期相关。如果人们相信未来的收入会增加，就可能预支将来的收入，"用明天的钱，圆今天的梦"。反之，如果人们预期将来收入减少，就会增加储蓄，减少消费。

4　从整个社会来看，社会总体消费水平和人们的收入差距相关。如果人们的收入差距太大，社会总体消费水平就会降低。反之，如果收入差距合理，社会总体消费水平就会提高。

第二课　价格与价值

1　商场里有很多的东西，它们的价格不一样，为什么呢？因为不同的商品，价值也不同。

2　商品的价值是由劳动时间决定的。但是不同生产者用的劳动时间是不一样的，所以商品的价值不是由生产者自己的劳动时间决定的，而是由社会必要劳动时间决定的。社会必要劳动时间是指在正常的生产条件、平均的劳动熟练程度和劳动强度下，生产一种商品的劳动时间。

3　生产同一种商品，有的人用的时间长，他们的商品就贵；有的人用的时间短，他们的商品就便宜。所以，生产者必须提高劳动生产率，减少生产的时间。劳动生产率是指在单位时间里生产的商品数量。如果一种商品的劳动生产率提高了，生产这种商品的社会必要劳动时间就会减少，这种商品的价值就会降低。

4　价格是价值的表现。价格有时高，有时低，但是价格是在价值周围变化的，从长期来看，价格和价值是一致的，这就是价值规律。

第三课　供给与需求

1　供给是贸易的卖方（即生产者）出售的商品的数量，而贸易的买方（即消费者）购买的商品的数量就是需求。供给与需求是决定市场的两个最重要的因素。供给与需求的关系就是供求关系。

2　商品的价格对供给和需求有很大的影响。如果一种商品的价格上涨，那么生产者就会愿意扩大生产，这时，市场上这种商品的供给量也会上升；反之，如果一种商品的价格下跌，那么生产者就会减少生产，这时，市场上这种商品的供给量也会下降。

3　商品的价格与需求的关系是：当一种商品的价格上涨时，很多消费者就不愿意购买这种商品，这时，在市场上，这种商品的需求量就会下降；反之，当一种商品的价格下跌时，很多消费者就愿意购买这种商品，这时，在市场上，这种商品的需求量就会上升。

4　当然，供求关系对商品价格的影响也很大。当供大于求时，生产者为了卖出商品，会主动降低价格，因为这时买方在交易中处于有利地位，这时的市场是买方市场；当供小于求时，消费者为了买到商品，会使价格上涨，因为这时卖方在交易中处于有利地位，这时的市场是卖方市场。

5　一般情况下，供给和需求不相等，当供等于求时，这时的市场是理想的市场，叫均衡市场。这时的价格叫均衡价格。

第四课　垄断与竞争

1　市场上有很多提供商品的供应商和购买商品的消费者，因此，产品、价格等很难被统一控制。企业为了得到更多的好处，不断进行各种争取经济利益的活动，这种行为就是竞争。

2　市场经济中到处都有竞争。在竞争的作用下，有的企业的产品质量更好，价格更低，给消费者带来更多的便利和好处，受到消费者的普遍欢迎，这些企业就能在竞争中获胜。相反，另外一些企业可能在竞争中倒闭，这就是优胜劣汰。

3　为了增强竞争力，大企业往往利用自己在经济上的优势，通过互相联合或者兼并中小企业，从而实现对一个或几个部门商品的生产、销售和价格的控制。这样就形成了垄断。

4　垄断产生于竞争，但是，垄断与竞争是一对矛盾。由于缺少竞争压力和发展动力，垄断行业的服务质量往往不好，经常会损害消费者的利益。这对市场经济的发展非常不利。因而，从整个市场经济发展来看，应该鼓励自由竞争，反对垄断行为，这样才能保障消费者的利益，使市场经济在竞争中不断向前发展。

第五课　GDP 和 GNP

1　GDP（Gross Domestic Product）的意思是国内生产总值，它是指一定时期内(一个季度或一年)，一个国家（地区）在经济活动中所生产出的全部最终产品价值和劳动者创造的所有价值。GDP 常用来衡量国家经济发展的情况。它不但可以反映一个国家的经济表现，也能反映国力与财富。

2　GNP（Gross National Product）的意思是国民生产总值，它指的是属于一个国家（地区）的所有常驻机构、单位在一定时期内(一个季度或一年)收入初次分配的最终成果。国民生产总值反映一个国家的经济水平，可以计算不同时期不同地区的经济发展速度。

3　GDP 与 GNP 是经济学中的一组概念，GNP 比 GDP 更能反映一个国家真实的经济状况，因为 GDP 的计算是和一个国家的国土面积相关，而 GNP 要与国民原则联系在一起。按照这一原则，凡是本国国民（包括本国公民以及常驻外国但未加入外国国籍的居民）所创造的收入，都要被计入本国的 GNP。

第六课　成本与利润

1　一件产品在销售的时候，企业会给它定一个价格。这个价格不是企业随便定的，而是他们计算成本和利润以后得到的。

2　成本是生产和销售一种产品需要的全部费用。利润是总收益减去成本的余额。当总收益高于总成本时，企业获得利润；当总收益低于总成本时，企业就会亏损。在消费者买到产品前，很多环节都会产生成本，比如购买原料的费用，生产需要的水费、电费，运输时产生的费用，支付给工人的工资，宣传产品所花费的广告费用以及为贷款支付的利息等，另外，还包括厂房、机器的折旧费等。

3　成本还和产量有关系。比如只生产一辆汽车，成本是巨大的，但生产一万辆汽车，平均下来，成本就低得多了。这种每增加一单位的产量而使总成本增加的量就叫做边际成本。但并不是产量越大，边际成本越低。为了增加产量，企业要增加投入，当产量增加到一定数量时，边际成本反而会升高。

4　一般来说，成本越高，价格越高。可是企业为了使自己的产品有竞争力，价格不能定得太高。这个时候，为了获得更多的利润，企业就要想办法降低成本，这就是成本控制。处理好成本和利润的关系，企业才可以更好地发展。

第七课　经济危机与通货膨胀

1　生产者为了获得利润，会大量生产商品。如果大多数人没有钱购买，生产的商品卖不出去，就会造成生产的相对过剩，产生经济危机。

2　经济危机时期，生产者由于卖不出去商品，就会减少生产；生产减少了，需要的工人也就减少了，越来越多的人会失业；长此以往，生产力会遭到严重破坏。政府为了经济的复苏，往往会刺激消费，扩大货币供给。如果发行的货币太多了，钱就会贬值，原来十元钱的东西，现在可能一百元也买不下来。人们把这种一段时间内商品的价格持续而普遍地上涨的现象称之为通货膨胀。

3　当通货膨胀持续发生时，钱不值钱了，人们的生活水平就会下降，就会造成社会的动荡。同时，通货膨胀也会降低本国商品的出口竞争能力，不利于国家经济的长期发展。

第八课　经济全球化

1　你买了一辆汽车，可能它的灯是美国生产的，它的玻璃是英国生产的，它的方向盘是日本生产的，这就是经济全球化的表现。

2　经济全球化的意思是随着生产、资本、技术、产品等在各国之间快速流动，世界各国的经济联系在不断加强，市场、技术、产品等越来越有全球特点。经济全球化的过程早就已经开始，尤其上个世纪80年代以后，特别是到了90年代，世界经济全球化的速度越来越快了。

3　经济全球化是一个历史过程。一方面，各国、各地区的经济相互影响、相互融合成统一整体，形成"全球统一市场"；另一方面，在世界范围内建立了全球合理公平的经济规则。因此，经济全球化是指生产要素在全球范围内自由流动和优化配置，各国、各地区相互融合成整体的历史过程。

4. 经济全球化对每个国家来说，都有好有坏，既是机遇，也是挑战。经济全球化加快了世界经济增长，但也加剧了国际竞争。目前经济全球化中最需要解决的问题是建立公平合理的新的经济规则，以保证各个国家能够公平竞争。

第九课　宏观调控

1. 在市场经济中，商品和服务的供应及需求受到价值规律及自由市场机制的影响。市场有优势，也有缺陷。例如，市场不能自动地实现宏观经济总量的平衡；市场经济会引起通货膨胀，对社会资源及生产力都有严重的影响。所以，经济发展需要宏观调控，在国家对供应和需求的调节下，实现预期的经济发展目标。

2. 宏观调控不是政府完全控制经济，而是政府对国民经济的总体管理，即在市场经济条件下，国家采取经济、法律、行政等各种手段对国民经济总量进行调节与控制，以保证国民经济的持续、快速、健康地发展。

3. 宏观调控采取的手段通常有：经济手段，包括制定经济计划、财政政策、货币政策、收入政策、投资政策、价格政策等对市场进行调节；法律手段，指运用经济法规对经济进行调节；行政手段，指国家通过行政部门，采取带强制性的行政命令、规定等措施，来调节和管理经济，例如利用卫生检疫、海关等部门禁止或限制某些商品的生产与流通。

第十课　恩格尔系数与消费结构

1. 人们的日常消费包括吃、穿、住、用、行等各个方面，不同消费类型在消费总体中所占的比例也有不同，这就构成了消费结构。某一家庭或个人的消费结构如何，可以看其各消费项目，即各项生活支出的比重如何，具体包括食品、衣着、住房等物质消费及教育、信息、娱乐等较高层次的精神消费。

2. 19世纪的德国有一位叫恩格尔的统计学家，他长期研究家庭消费结构，发现消费结构的变化存在这样一个规律：一个家庭收入越少，家庭总支出中用来购买食物的支出所占的比例就越大；随着家庭收入的增加，这一比例则会下降。食品支出占家庭总支出的比重，就被称为恩格尔系数。

3. 恩格尔系数与消费结构密切相关。恩格尔系数过大，食品支出过多，必然影响其他消费支出。只有在收入增加后，食物需求基本满足的情况下，消费的重心才可以向穿、用等其他方面转移，这时恩格尔系数就会减小，消费结构也会得到改善。

4　　恩格尔系数可以用来衡量一个国家或地区的富裕程度。一个国家平均家庭恩格尔系数>60%为贫穷，50%~60%为温饱，40%~50%为小康，20%~40%为富裕，<20%为非常富裕。

第十一课　社会保障

1　　没有社会的稳定，就没有社会的发展；没有社会的保障，就没有社会的稳定。为了社会的稳定与发展，世界上许多国家都建立了社会保障制度。那么，什么是社会保障呢？社会保障是指社会成员在年老、疾病、失业、伤残、生育、死亡或者遇到自然灾害时，国家向社会成员提供帮助，保证人们的基本生活不受影响；同时，根据经济和社会的发展，增加国民福利，提高人们生活水平。

2　　社会保障有多种形式，其中社会保险是最重要的一种。社会保险指的是劳动者在失去劳动能力或失业时，获得物质帮助和补偿的一种社会保障制度。社会保险是由养老保险、医疗保险、失业保险、生育保险等内容组成的，保障公民在年老、疾病、工伤、生育等情况下从国家和社会获得物质帮助。

3　　社会保障是由国家提供的，保障的对象是全部的社会成员。因此，社会保障具有保障社会成员基本生活、维护社会稳定、促进经济发展、保持社会公平和增加国民福利的重要功能。所以，人们经常把社会保障叫做社会的"安全网"。

第十二课　国际贸易

1　　世界上不同国家和地区之间的商品和劳务的交换活动，就是国际贸易，也叫世界贸易，由进口贸易和出口贸易两部分组成。衡量国际贸易发展得怎么样，我们有一定的统计分析指标，主要包括：贸易额和贸易量、贸易差额、国际贸易条件、贸易的商品结构等。

2　　贸易差额是人们比较关心的一个指标。一个国家在一定时期内（通常为一年）出口总额与进口总额之间的差额就是贸易差额。如果一定时期该国的出口额大于进口额，就是贸易顺差；反之，出口额小于进口额就是贸易逆差。如果出口额等于进口额，那就是贸易平衡了。贸易平衡是比较理想的状态。一般情况下，一定时期内，一国的贸易要么处于顺差状态下，要么处于逆差状态下。贸易顺差可以推动经济增长，增加就业，所以各国都在追求贸易顺差。但是，大量的顺差往往会导致贸易纠纷。

3　当然，在国际贸易中还要经常发生货款结算，以结清买卖之间的债权债务关系，这就是国际贸易结算。国际贸易中的结算方式主要有信用证结算、汇付和托付结算、银行保证函等。其中汇付和托付是国际贸易中最常用的结算方式。贸易中用到的票据有汇票、本票、支票等，以使用汇票为主。票据作为国际结算中的一种重要的支付凭证，在国际上广泛使用。

第十三课　海关与关税

1　海关是一个国家在边境设立的负责进口和出口管理的国家机构。它根据国家法律，对进出国境的商品或物品进行检查并征收关税，因此，关税就是一个国家的海关对进出境的物品征收的一种税。

2　征收关税主要有两个目的：一是增加国家财政收入，二是保护本国的工业生产和国内市场。

3　按关税的不同流向，关税可分为进口关税和出口关税。一些国家实行出口关税，对本国公司出口的产品征收关税。例如，俄罗斯对石油出口征收关税，目的是得到政府收入，并保持俄罗斯国内较高的石油储备。不过，最常见的关税是进口关税，即对进口商品征收的关税。

4　如果每个国家都征收很高的关税，那么国际贸易将会很难进行。所以，为了保护国际贸易的环境，世界各国都在世界贸易组织（WTO）的监督下降低关税。

5　海关和关税与我们的生活息息相关。事实上，作为纳税人，我们每天不知不觉地交了很多税，其中一项就是关税。不论你提的LV的包，用的苹果的IPAD，还是你喝的蓝山咖啡，穿的NIKE的鞋子，包括圣诞节用的彩灯，只要它们是从国外进口的，哪一样里面不含关税呢？如果你经常进出境，那么海关与关税和你的关系就更大了。在入关之前，一定要了解这个国家的出入境规定，这样就不会因为不必要的麻烦而影响你的旅行了。

第十四课　货币与汇率

1　随着商品交换的发展，出现了货币，它也是一种特殊商品。一般来说，一个国家使用一种货币，不过也有例外的情况，如欧元在欧元区国家就可以通用。中国使用的货币是人民币,由国家银行——中国人民银行发行。但是在对外贸易中,中外双方通常不是用人民币,而是用美元、欧元、日元等国际通行的货币进行结算的。

2　因为世界各国货币的名字不同、购买力也不同,所以要规定一个兑换率,即一个国家货币兑换其他国家货币的比率,也叫汇率。汇率可以分为固定汇率和浮动汇率。固定汇率是由政府制定和公布的,并且只能在规定的范围里波动的汇率,而浮动汇率是随着市场供求关系自由波动的汇率,一般认为浮动汇率最理想。

3　汇率的变动是指货币对外价值的上下波动,包括货币贬值和货币升值。汇率的变动对一个国家的物价水平、进出口贸易、国内资本的流动、金融资产的选择以及人们的就业、旅游等都有重要的作用和影响。而汇率之所以会发生变动,主要是因为受到国际收支状况以及各国通货膨胀率、经济增长率、利率差异等因素的影响。

第十五课　保　险

1　人的一生难免会生病、受伤,遇到各种各样的危险灾害,免不了会失去一些财产,如果我们提前买一份保险,虽然避免不了损失,但是一旦出事就可以得到相应的经济补偿。所谓保险,是一种经济和法律行为:通过制定合同,由投保人向保险人支付保险费,那么自然灾害或意外事故造成的损失就由保险人承担赔偿保险金。

2　保险合同非常重要,保险人和投保人会根据需要签订相关合同,合同的内容包括:保险人和被保险人、保险标的、保险责任、合同生效日期、合同有效期等。保险人一般是保险公司。保险标的就是保险的对象,包括财产及相关利益、人的寿命和身体。

3　按照保险标的,保险可以分为财产保险和人寿保险。财产保险的标的是财产及其相关利益,当投保的财产及相关利益受到损害时,由保险人承担赔偿责任。财产保险中的风险是自然灾害或意外事故。人寿保险的标的是人的寿命和身体,当被保险人死亡、伤残、疾病或者达到合同约定的年龄、期限时,保险人承担给付保险金的责任。人寿保险中的风险是死亡、年老、伤残、疾病等。

4　保险的基本功能是经济补偿功能。保险人对在灾害或事故中的损失进行赔偿,这种赔偿不是赔偿实物,而是进行货币补偿。因而,意外事故造成的损失必须是能计算价值的。在人寿保险中,寿命或身体本身无法计算价值,这时,以人的劳动为计算价值的根据。意外或事故等造成劳动力的丧失,这会带来经济上的负担,保险人所要补偿的就是这种经济上的负担。

第十六课　广告与营销

1　企业生产产品，并将产品销售给顾客，需要对市场、顾客进行调查、分析和制订计划。这种创造、沟通与传送价值给顾客，及经营顾客关系的活动就叫做市场营销。

2　市场营销最重要的功能就是销售商品。为了最大限度地实现这一功能，企业需要进行市场调查，分析和研究潜在的顾客和当前的市场需求，从而做出准确的市场定位。

3　市场营销的策略主要有四种：产品策略，主要是新产品开发，树立企业品牌形象；价格策略，主要是给产品定价、调价等；促销策略，包括品牌推广、产品展示和广告宣传等；渠道策略，即企业通过分销商将商品送达顾客手中的过程。

4　广告是市场营销的方法之一。企业通过广告对产品进行宣传推广，吸引消费者购买，扩大产品销售量，同时提高企业的知名度和影响力。一个好的广告，首先要准确表达广告信息，其次要帮助树立品牌形象，三是能够起到吸引消费者购买的作用，最后是满足消费者的审美需求。要做到这些，就必须对消费者的情况进行研究和分析，根据不同的消费者，选择不同的广告策略。例如，女性消费者一般情感丰富，重视家庭和孩子，那么关于亲情的广告更容易打动她们；老年人的心理是希望健康长寿，那么广告则应该突出保健的功能。

5　在现代生活中，广告已经无处不在，电视上、报纸上、广播上，甚至公车站、电影院，到处都有广告的身影。由于影响力巨大，广告在企业的市场营销中发挥着越来越重要的作用。

第十七课　股份公司

1　如果你想开一家公司，可是钱不够，那么除了从银行贷款，还有什么其他办法呢？你可以找一些人，让他们出钱，然后给他们一些凭证，这些人叫做股东，这些凭证叫做股票。股东按照自己股票的多少来获取公司的利润，同时承担相应的义务。你们一起开的这家公司就叫做股份公司。

2　成立股份公司需要以下条件：第一，股东必须符合法律规定的资格和人数，比如在中国，股东人数最少为5人；第二，注册的资本必须要达到法律规定的最低限，比如在中国，股份公司注册资本最低限为人民币1000万元；第三，股东需要给公司作一些规定；第四，建立符合股份公司要求的组织机构，比如股东大会、董事会等；第五，要有固定的生产和经营的地点；第六，公司的成立必须经过相关部门的同意。

3　和其他公司相比，股份公司有以下特点：第一，公司把全部的钱分为数量相等的股份，任何人在购买了股份以后，都可以成为公司股东，没有资格限制；第二，公司欠了钱以后，股东要负责任，根据自己股票的多少来赔钱；第三，公司股票可以自由转让，但不能退股；第四，公司的账目必须向社会公开。

4　现在，股份公司在各个国家的经济中占统治地位。它不仅可以迅速把社会上人们暂时不用的钱集中到一起，有利于公司的发展，而且公司经营者在作一些决定时也比较自由。另外，还可以降低购买股票的人的风险。

第十八课　跨国公司

1　20世纪以来，随着实力不断发展和壮大，一些优秀的大型企业不再满足于在本国的经营，开始直接对外投资，在世界各地设立分支机构或子公司，从事国际化的生产和经营活动，我们把这样的公司称为跨国公司。

2　跨国公司在国外拥有众多分支机构和子公司。各地分支机构和子公司虽然有一定的经营和决策自主权，但必须服从总公司的整体决策。总公司负责整个公司的投资计划、生产安排、价格体系、市场安排、利润分配、研究方向及其他重大决策。子公司根据总公司的需要制定各自的经营计划。

3　和一般公司相比，跨国公司的另一特点是实行全球战略：以世界市场为目标，在全球范围内合理安排自己的生产、销售和科研等经营活动，从而获得在全球的长期的竞争优势。

4　现代跨国公司的经营范围广泛，已经由单一产品生产经营向综合性多种经营方向发展。总公司和子公司生产不同种类的产品，甚至是不同行业的产品，如美国的杜邦公司，除了经营化工产品，还兼营药品、食品、化妆品、纺织、电子、运输和旅馆业等行业。这种多种经营的方式适应了日益复杂的国际投资环境和竞争激烈的国际市场，有利于发挥跨国公司的综合优势，能够保证获得比较稳定的效益，从而获得较多的生存和发展机会。

5　在经济全球化的今天，跨国公司在世界经济中扮演着越来越重要的角色。事实上，它已经成为当今国际经济、国际贸易和国际投资中最活跃最有影响力的力量。

词语总表
Vocabulary

B 扮演	扮演	bànyǎn	动	18
保持	保持	bǎochí	动	11
保护	保护	bǎohù	动	13
保健	保健	bǎojiàn	动	16
保险	保险	bǎoxiǎn	名	15
保障	保障	bǎozhàng	动	4
本	本	běn	代	18
本票	本票	běnpiào	名	12
本身	本身	běnshēn	代	15
比例	比例	bǐlì	名	10
比率	比率	bǐlǜ	名	14
必不可少	必不可少	bì bù kě shǎo	动	1
必然	必然	bìrán	形	10
必要	必要	bìyào	形	2
边际成本	边际成本	biānjì chéngběn		6
贬值	贬值	biǎnzhí	动	7
变动	变动	biàndòng	动	14
便利	便利	biànlì	形	4
标的	标的	biāodì	名	15
表现	表现	biǎoxiàn	名	2
波动	波动	bōdòng	动	14
不过	不过	búguò	连	13
不利	不利	búlì	形	4
补偿	补偿	bǔcháng	动	11
部门	部门	bùmén	名	9

不同	不同	bùtóng	形	5
不知不觉	不知不觉	bù zhī bù jué		13
C 财产	财产	cáichǎn	名	15
财富	财富	cáifù	名	5
财政	财政	cáizhèng	名	9
采取	采取	cǎiqǔ	动	9
策略	策略	cèlüè	名	16
差距	差距	chājù	名	1
产量	产量	chǎnliàng	名	6
产品	产品	chǎnpǐn	名	1
长期	长期	chángqī	名	2
长寿	长寿	chángshòu	形	16
常驻	常驻	cháng zhù		5
成本	成本	chéngběn	名	6
成立	成立	chénglì	动	17
成员	成员	chéngyuán	名	11
承担	承担	chéngdān	动	15
持续	持续	chíxù	动	7
出售	出售	chūshòu	动	3
储备	储备	chǔbèi	名	13
储蓄	储蓄	chǔxù	名	1
处理	处理	chǔlǐ	动	6
处于	处于	chǔyú	动	3
传送	传送	chuánsòng	动	16
创造	创造	chuàngzào	动	5
刺激	刺激	cìjī	动	7
从而	从而	cóng'ér	连	16
促进	促进	cùjìn	动	11
促销	促销	cùxiāo	动	16
D 打动	打动	dǎdòng	动	16

大量	大量	dàliàng	形	7
大型	大型	dàxíng	形	18
大于	大于	dàyú	动	3
贷款	贷款	dàikuǎn	名	6
单位	单位	dānwèi	名	2
单一	单一	dānyī	形	18
当前	当前	dāngqián	名	1
倒闭	倒闭	dǎobì	动	4
等于	等于	děngyú	动	3
地区	地区	dìqū	名	5
地位	地位	dìwèi	名	3
定位	定位	dìngwèi	名	16
董事会	董事会	dǒngshìhuì	名	17
动荡	动荡	dòngdàng	动	7
动力	动力	dònglì	名	4
兑换	兑换	duìhuàn	动	14
对象	对象	duìxiàng	名	11
F 发挥	发挥	fāhuī	动	16
发行	发行	fāxíng	动	14
法规	法规	fǎguī	名	9
反而	反而	fǎn'ér	副	6
反映	反映	fǎnyìng	动	5
反之	反之	fǎnzhī	连	1
范围	范围	fànwéi	名	8
方向盘	方向盘	fāngxiàngpán	名	8
纺织	纺织	fǎngzhī	动	18
费用	费用	fèiyong	名	6
分配	分配	fēnpèi	动	5
分销	分销	fēnxiāo	动	16
分支	分支	fēnzhī	名	18

服从	服从	fúcóng	动	18
浮动汇率	浮动汇率	fúdòng huìlǜ		14
符合	符合	fúhé	动	17
福利	福利	fúlì	名	11
负担	负担	fùdān	名	15
复苏	复苏	fùsū	动	7
富裕	富裕	fùyù	形	10
G 改善	改善	gǎishàn	动	10
概念	概念	gàiniàn	名	5
根据	根据	gēnjù	动	13
公布	公布	gōngbù	动	14
公民	公民	gōngmín	名	5
公平	公平	gōngpíng	形	8
功能	功能	gōngnéng	名	11
供给	供给	gōngjǐ	动	3
供求	供求	gōngqiú	名	14
供应商	供应商	gōngyìngshāng	名	4
沟通	沟通	gōutōng	动	16
构成	构成	gòuchéng	动	10
购买	购买	gòumǎi	动	3
股东	股东	gǔdōng	名	17
股份公司	股份公司	gǔfèn gōngsī		17
固定	固定	gùdìng	形	17
固定汇率	固定汇率	gùdìng huìlǜ		14
规定	规定	guīdìng	名	9
规律	规律	guīlǜ	名	10
国籍	国籍	guójí	名	5
国际化	国际化	guójìhuà	动	18
国际贸易	国际贸易	guójì màoyì		12
国境	国境	guójìng	名	13

国力	国力	guólì	名	5
国民经济	国民经济	guómín jīngjì		9
国土	国土	guótǔ	名	5
过(于)	过(于)	guò (yú)	副	10
过程	过程	guòchéng	名	8
过剩	过剩	guòshèng	动	7
H 海关	海关	hǎiguān	名	9
含	含	hán	动	13
行业	行业	hángyè	名	4
合理	合理	hélǐ	形	1
合同	合同	hétong	名	15
衡量	衡量	héngliáng	动	5
宏观经济	宏观经济	hóngguān jīngjì		9
宏观调控	宏观调控	hóngguān tiáokòng		9
化工	化工	huàgōng	名	18
环节	环节	huánjié	名	6
环境	环境	huánjìng	名	13
汇付	汇付	huìfù	动	12
汇率	汇率	huìlǜ	名	14
汇票	汇票	huìpiào	名	12
活动	活动	huódòng	名	5
活跃	活跃	huóyuè	形	18
获得	获得	huòdé	动	7
获胜	获胜	huò shèng	动	4
J 基本	基本	jīběn	副	10
机构	机构	jīgòu	名	5
机遇	机遇	jīyù	名	8
机制	机制	jīzhì	名	9
即	即	jí	连	16
疾病	疾病	jíbìng	名	15

给付	给付	jǐfù	动	15
技术	技术	jìshù	名	8
计算	计算	jìsuàn	动	5
季度	季度	jìdù	名	5
加剧	加剧	jiājù	动	8
加强	加强	jiāqiáng	动	8
价格	价格	jiàgé	名	2
价值	价值	jiàzhí	名	2
兼	兼	jiān	动	18
兼并	兼并	jiānbìng	动	4
监督	监督	jiāndū	动	13
减	减	jiǎn	动	6
减少	减少	jiǎnshǎo	动	1
减小	减小	jiǎnxiǎo	动	10
检疫	检疫	jiǎnyì	动	9
建立	建立	jiànlì	动	8
降低	降低	jiàngdī	动	1
交换	交换	jiāohuàn	动	12
交易	交易	jiāoyì	名	3
结算	结算	jiésuàn	动	12
金融资产	金融资产	jīnróng zīchǎn		14
进出口	进出口	jìn-chūkǒu	动	14
进口	进口	jìnkǒu	动	12
进行	进行	jìnxíng	动	14
禁止	禁止	jìnzhǐ	动	9
精神消费	精神消费	jīngshén xiāofèi		10
经营	经营	jīngyíng	动	17
竞争	竞争	jìngzhēng	动	4
竞争力	竞争力	jìngzhēnglì	名	4
就业	就业	jiù yè	动	14

	具有	具有	jùyǒu	动	11
	决策	决策	juécè	名	18
	决定	决定	juédìng	动	2
	角色	角色	juésè	名	18
	均衡	均衡	jūnhéng	形	3
K	控制	控制	kòngzhì	动	9
	快速	快速	kuàisù	形	8
	亏损	亏损	kuīsǔn	动	6
L	劳动	劳动	láodòng	名	2
	劳动力	劳动力	láodònglì	名	15
	劳务	劳务	láowù	名	12
	利率	利率	lìlǜ	名	14
	利润	利润	lìrùn	名	6
	利息	利息	lìxī	名	6
	利益	利益	lìyì	名	4
	利用	利用	lìyòng	动	1
	例外	例外	lìwài	名	14
	联合	联合	liánhé	动	4
	联系	联系	liánxì	动	5
	流动	流动	liúdòng	动	8
	流通	流通	liútōng	动	9
	垄断	垄断	lǒngduàn	动	4
	率	率	lǜ		2
M	买方	买方	mǎifāng	名	3
	买方市场	买方市场	mǎifāng shìchǎng		3
	卖方	卖方	màifāng	名	3
	卖方市场	卖方市场	màifāng shìchǎng		3
	满足	满足	mǎnzú	动	1
	矛盾	矛盾	máodùn	名	4
	贸易	贸易	màoyì	名	13

贸易差额	贸易差额	màoyì chā'é		12
贸易额	贸易额	màoyì'é	名	12
贸易纠纷	贸易纠纷	màoyì jiūfēn		12
贸易量	贸易量	màoyìliàng	名	12
贸易逆差	贸易逆差	màoyì nìchā		12
贸易平衡	贸易平衡	màoyì pínghéng		12
贸易顺差	贸易顺差	màoyì shùnchā		12
密切	密切	mìqiè	形	10
免不了	免不了	miǎnbuliǎo	动	15
面积	面积	miànjī	名	5
命令	命令	mìnglìng	名	9
目标	目标	mùbiāo	名	9
目的	目的	mùdì	名	13

N
纳税	纳税	nà shuì	动	13
难免	难免	nánmiǎn	形	15
女性	女性	nǚxìng	名	16

P
赔偿	赔偿	péicháng	动	15
配置	配置	pèizhì	动	8
票据	票据	piàojù	名	12
贫穷	贫穷	pínqióng	形	10
平衡	平衡	pínghéng	形	9
平均	平均	píngjūn	形	2
凭证	凭证	píngzhèng	名	17
普遍	普遍	pǔbiàn	形	7

Q
期限	期限	qīxiàn	名	15
其	其	qí	代	10
企业	企业	qǐyè	名	4
签订	签订	qiāndìng	动	15
潜在	潜在	qiánzài	形	16
强度	强度	qiángdù	名	2

	亲情	亲情	qīnqíng	名	16
	情感	情感	qínggǎn	名	16
	渠道	渠道	qúdào	名	16
	全球	全球	quánqiú	名	18
	全球化	全球化	quánqiúhuà	动	8
	缺陷	缺陷	quēxiàn	名	9
R	人寿保险	人寿保险	rénshòu bǎoxiǎn		15
	日益	日益	rìyì	副	18
	融合	融合	rónghé	动	8
	如何	如何	rúhé	代	10
S	丧失	丧失	sàngshī	动	15
	伤残	伤残	shāngcán	动	11
	上升	上升	shàngshēng	动	3
	审美	审美	shěnměi	动	16
	生产	生产	shēngchǎn	动	13
	生产力	生产力	shēngchǎnlì	名	7
	生产要素	生产要素	shēngchǎn yàosù		8
	生产者	生产者	shēngchǎnzhě	名	2
	升高	升高	shēnggāo	动	6
	生效	生效	shēng xiào	动	15
	生育	生育	shēngyù	动	11
	升值	升值	shēngzhí	动	14
	失业	失业	shī yè	动	7
	时期	时期	shíqī	名	5
	实力	实力	shílì	名	18
	实物	实物	shíwù	名	15
	实行	实行	shíxíng	动	13
	石油	石油	shíyóu	名	13
	市场	市场	shìchǎng	名	8
	市场经济	市场经济	shìchǎng jīngjì		4

事实	事实	shìshí	名	13
收入	收入	shōurù	名	1
收益	收益	shōuyì	名	6
收支	收支	shōuzhī	名	14
寿命	寿命	shòumìng	名	15
树立	树立	shùlì	动	16
水平	水平	shuǐpíng	名	1
死亡	死亡	sǐwáng	动	11
速度	速度	sùdù	名	5
随着	随着	suízhe	动	10
损害	损害	sǔnhài	动	4
所谓	所谓	suǒwèi	形	15
T 提高	提高	tígāo	动	1
体系	体系	tǐxì	名	18
调节	调节	tiáojié	动	9
挑战	挑战	tiǎozhàn	动	8
通行	通行	tōngxíng	动	14
通用	通用	tōngyòng	动	14
统计	统计	tǒngjì	动	10
统计分析	统计分析	tǒngjì fēnxī		12
统一	统一	tǒngyī	形	4
统治	统治	tǒngzhì	动	17
投保	投保	tóu bǎo	动	15
投入	投入	tóurù	名	6
投资	投资	tóuzī	动	18
突出	突出	tūchū	动	16
推动	推动	tuīdòng	动	12
推广	推广	tuīguǎng	动	16
托付	托付	tuōfù	动	12
W 维护	维护	wéihù	动	11

温饱	溫飽	wēnbǎo	名	10
无处不在	無處不在	wú chù bú zài		16
物质	物質	wùzhì	名	11
物质消费	物質消費	wùzhì xiāofèi		10
X 息息相关	息息相關	xī xī xiāng guān		13
下降	下降	xiàjiàng	动	3
限度	限度	xiàndù	名	16
限制	限制	xiànzhì	动	9
相对	相對	xiāngduì	形	7
相关	相關	xiāngguān	动	1
项	項	xiàng	量	10
消费	消費	xiāofèi	动	1
消费结构	消費結構	xiāofèi jiégòu		10
消费类型	消費類型	xiāofèi lèixíng		10
消费者	消費者	xiāofèizhě	名	3
销售	銷售	xiāoshòu	动	4
小康	小康	xiǎokāng	形	10
小于	小于	xiǎoyú	动	3
心理	心理	xīnlǐ	名	16
信用证	信用證	xìnyòngzhèng	名	12
形式	形式	xíngshì	名	11
行为	行為	xíngwéi	名	4
行政	行政	xíngzhèng	名	9
需求	需求	xūqiú	名	3
需求量	需求量	xūqiúliàng	名	3
需要	需要	xūyào	动	1
宣传	宣傳	xuānchuán	动	6
Y 严重	嚴重	yánzhòng	形	7
养老	養老	yǎng lǎo	动	11
医疗	醫療	yīliáo	动	11

一致	一致	yízhì	形	2
一般来说	一般来说	yìbān lái shuō		6
义务	义务	yìwù	名	17
因而	因而	yīn'ér	连	4
因素	因素	yīnsù	名	3
营销	营销	yíngxiāo	动	16
优化	优化	yōuhuà	动	8
优胜劣汰	优胜劣汰	yōu shèng liè tài		4
由	由	yóu	介	14
有利	有利	yǒulì	形	3
有效	有效	yǒuxiào	动	15
余额	余额	yú'é	名	6
预期	预期	yùqī	动	1
预支	预支	yùzhī	动	1
原料	原料	yuánliào	名	6
原则	原则	yuánzé	名	5
约定	约定	yuēdìng	动	15
运输	运输	yùnshū	动	6
运用	运用	yùnyòng	动	9
Z 灾害	灾害	zāihài	名	11
暂时	暂时	zànshí	名	17
遭到	遭到	zāodào	动	7
造成	造成	zàochéng	动	15
则	则	zé	连	16
责任	责任	zérèn	名	15
增幅	增幅	zēngfú	名	1
增加	增加	zēngjiā	动	1
增强	增强	zēngqiáng	动	4
增长	增长	zēngzhǎng	动	8
债权	债权	zhàiquán	名	12

债务	债务	zhàiwù	名	12
展示	展示	zhǎnshì	动	16
战略	战略	zhànlüè	名	18
账目	账目	zhàngmù	名	17
折旧	折旧	zhéjiù	动	6
争取	争取	zhēngqǔ	动	4
征收	征收	zhēngshōu	动	13
整体	整体	zhěngtǐ	名	8
政策	政策	zhèngcè	名	9
支付	支付	zhīfù	动	15
支付凭证	支付凭证	zhīfù píngzhèng		12
知名度	知名度	zhīmíngdù	名	16
支配	支配	zhīpèi	动	1
指标	指标	zhǐbiāo	名	12
制订	制订	zhìdìng	动	16
制定	制定	zhìdìng	动	9
重心	重心	zhòngxīn	名	10
注册	注册	zhù cè	动	17
转移	转移	zhuǎnyí	动	10
壮大	壮大	zhuàngdà	形	18
状况	状况	zhuàngkuàng	名	5
状态	状态	zhuàngtài	名	12
追求	追求	zhuīqiú	动	12
资本	资本	zīběn	名	8
自动	自动	zìdòng	副	9
自主权	自主权	zìzhǔquán	名	18
综合	综合	zōnghé	动	18
总	总	zǒng	形	6
总额	总额	zǒng'é	名	12
总量	总量	zǒngliàng	名	9

| 总体 | *总体* | zǒngtǐ | 名 | 1 |
| 组 | *组* | zǔ | 量 | 5 |

专有名词

| **E** 恩格尔系数 | *恩格尔系数* | Ēn'gé'ěrxìshù | 名 | 10 |
| 恩格尔 | *恩格尔* | Ēn'gé'ěr | 名 | 10 |

关于本书改变印刷色数的说明

因传统胶片印刷会造成环境污染，国家环保部门从 2017 年开始全面禁止胶片印刷。随后，我社陆续将出版时间较早、使用传统胶片印刷的图书文件全面数字化，以确保重印工作的顺利进行。

本书原为双色（黑色+另一种颜色）图书，印刷文件数字化后，若要保持跟原书一样的颜色效果，必须采用四色印刷（即彩色印刷），成本也会大幅上涨，定价将是原书的两倍；而选择单色印刷（即黑白印刷），则可在近两年纸张、印制成本大幅上涨的情况下，维持原书定价不变。我们经过广泛征询用户意见，绝大部分用户选择使用单色印刷图书而定价不变。

因此，我社在重印本书时采用了单色印刷。如给用户使用带来困扰，我们特此致歉，敬请谅解。

特此说明。

北京语言大学出版社